INGLÊS É TEEN!

INGLÊS É TEEN!

PARA PROFESSORES DE
FUNDAMENTAL II E ENSINO MÉDIO

Lilian Itzicovitch
Leventhal

DISAL
EDITORA

Preparação de texto: Flávia Yacubian / Verba Editorial

Capa e projeto gráfico: Alberto Mateus
Diagramação: Crayon Editorial Ltda

Dados Internacionais de Catalogação na Publicação (CIP)
(Câmara Brasileira do Livro, SP, Brasil)

Leventhal, Lilian Itzicovitch
Inglês é teen! : para professores de fundamental II e ensino médio / Lilian Itzicovitch Leventhal. – Barueri, SP : DISAL, 2009.

ISBN 978-85-7844-033-6

1. Inglês - Estudo e ensino I. Título.

09-08223 CDD-420.7

Índice para catálogo sistemático:
1. Inglês : Estudo e ensino 420.7

DISAL EDITORA

Bantim, Canato e Guazzelli Editora Ltda.

Al. Mamoré, 911 - sala 107, Alphaville
06454-040, Barueri - SP
Tel./Fax: **55 11 4195-2811**

Visite nosso site: www.disaleditora.com.br

VENDAS
Televendas: (11) 3226-3111
Fax gratuito: 0800 7707 105/106
E-mail para pedidos: comercialdisal@disal.com.br

Agradecimentos

Dedico este livro ao meu marido Jacques,
que sempre me incentivou e me deu suporte
para que eu pudesse realizar ações profissionais
coerentes, que agregassem valor e contribuíssem
para o desenvolvimento de nossa sociedade.

Faço minhas as suas palavras para os profissionais
que compartilham essa leitura.

"Você pode. Você é capaz!"

Obrigada, JACQUES!

“Aprender não é só ter professores, livros e provas. Não é só ir à aula, memorizar dados e levantar a mão sempre que puder. Aprender tem a ver com a alegria de descobrir o poder de enfrentar os desafios. É o dom da autodeterminação: um presente para sua mente, para o seu corpo e para o espírito... O dom que você precisa para tornar seus sonhos realidade.”

JACQUELINE SCHIFF – POR DIANE MASTROMARINO

Sumário

Dear teacher,

"LEMBRE-SE, O MAIS IMPORTANTE...
NÃO É QUE TUDO SAIA BEM PARA VOCÊ,
MAS QUE VOCÊ SEJA CAPAZ DE ENFRENTAR
O QUE DER ERRADO.
NÃO É TER MEDO,
MAS A DETERMINAÇÃO
DE CONTINUAR APESAR DO MEDO.
NÃO É ONDE VOCÊ ESTÁ,
MAS AONDE QUER CHEGAR."

"AME O QUE VOCÊ FAZ, FAÇA O MELHOR QUE PUDER..."
VICKIE M. WORSHAM POR DIANE MASTROMARINO

Introdução

SEMPRE DIGO AOS COLEGAS PROFESSORES, nas oportunidades de treinamentos em que estamos juntos, que a nossa profissão é uma das poucas em que o profissional alimenta também sua alma e seu espírito através de seu trabalho. Lecionar, na verdade, é sempre um prazer, uma alegria, que nos preenche e traz satisfação incomensurável ao vermos nossos alunos se desenvolverem.

Compartilhamos esse sentimento em todas as faixas etárias, da Educação Infantil ao Ensino Médio, em aulas para adultos e aulas corporativas, ao ensinarmos inglês ou qualquer outra matéria. Essa sensação de alegria ao imaginar como nossos alunos reagirão às nossas ideias, como aproveitarão os conteúdos e nos surpreenderão com suas produções, ainda é uma das principais razões pela qual escolhemos esse caminho.

É um prazer e uma alegria imensa poder compartilhar essa emoção tão especial com você. Saber que pertencemos é muito bom!

Um abraço bem dado!

LILIAN ITZICOVITCH LEVENTHAL
lilian@potential.com.br

"THE AIM OF EDUCATION SHOULD BE TEACHING US HOW TO THINK, RATHER THAN WHAT TO THINK."

JAMES BEATTI

1
Características dos adolescentes

Art. 4º É dever da família, da comunidade, da sociedade em geral e do poder público assegurar, com absoluta prioridade, a efetivação dos direitos referentes à vida, à saúde, à alimentação, à educação, ao esporte, ao lazer, à profissionalização, à cultura, à dignidade, ao respeito, à liberdade e à convivência familiar e comunitária.

Lei Nº 8069, Estatuto da Criança e do Adolescente, 13 de julho de 1990, Brasil.

A PALAVRA ADOLESCENTE vem do latim, *adolescere*, que significa amadurecer. A pré-adolescência é a preparação para essa fase. Há várias definições sobre pré-adolescência e adolescência. Para nosso estudo e atividades, considerarei como pré-adolescentes os alunos de 11 e 12 anos e como adolescentes os de 13 a 17 anos, compreendendo nossos alunos de Fundamental II e Ensino Médio.

O professor de língua estrangeira tem um contato limitado e pontual com seus alunos. Muitas vezes temos duas aulas semanais de 45 ou 50 minutos, em salas com, às vezes, até 35, 40 alunos. Há escolas que trabalham com programas nivelados, turmas divididas, número de alunos menor por turmas etc. Em institutos de idiomas, normalmente os cursos têm duas aulas semanais de 60 minutos até duas aulas de 120 minutos por semana. Os alunos estão nivelados e o número de alunos por sala varia, na maioria das vezes, entre 6 e 18. Entretanto, o ambiente é sempre bastante propício, com "salas-ambientes" e é um local onde todos procuram falar inglês. O mesmo nem sempre acontece na escola regular. A realidade muitas vezes é a desmotivação para o aprendizado de língua estrangeira.

Se o adolescente não se sentir respeitado nessa sua fase difícil, quando cresce e muda, se os professores não forem tolerantes e as aulas motivadoras, não acontecerá o desempenho esperado.

Seguem, abaixo, características de pré-adolescentes. É sempre importante rever o assunto para que nossa prática pedagógica se adéque da melhor forma possível ao perfil de nossos alunos. É claro que há variações e nem todos seguem as descrições que apresento, mas o objetivo do guia abaixo é situá-lo em relação a comportamentos e características mais comuns nessa faixa etária.

Antes de prosseguir em sua leitura, preencha o quadro abaixo com adjetivos que qualifiquem seus alunos adolescentes:

A	....
D	....
O	....
L	....
E	....
S	....
C	....
E	....
N	....
T	....
E	

Agora em inglês:

T	
E	
E	
N	
A	
G	
E	
R	
S	

Veja o que outros professores sugeriram, em português:

A	amigo, aborrecido, ausente
D	desafiador, diligente, divertido
O	oscilante, observador, "objetivo"
L	livre, lento, libertador
E	especial, esperto, enrolador
S	sonolento, sonhador, seletivo
C	carismático, cativante, competitivo
E	eletrizado, embaraçado, emotivo
N	natural, novidadeiro, nebuloso
T	tenso, tímido, talentoso
E	esperto, empreendedor, evasivo

Agora em inglês:

T	temperamental, talkative, tease
E	energetic, eye-catching, engaged
E	entertaining, easygoing, eager
N	negative, naive, nervous
A	annoying, argumentative, altruistic
G	generous, gash, groovy
E	enigmatic, envious, excellent
R	realistic, rebellious, reactionary
S	stubborn, shallow, spoiled

Com certeza você encontrou algumas semelhanças de opinião. Isso é pertencer. Após esse aquecimento, vamos às características mais comuns de nossos alunos, que estão divididas entre: físico, emocional, social, intelectual, linguístico e dicas para trabalhar com eles.

Pré-adolescência: 11-12 anos

FÍSICO

- Muitas mudanças físicas ocorrem nessa fase, ocasionando questões de autoaceitação e de reconstrução da autoimagem, como mudança de voz, início da menstruação, atividade das glândulas sudoríparas, aumento da massa muscular, aparecimento de cravos e espinhas, alteração na estatura, desenvolvimento dos órgãos sexuais.
- Preferem esportes ao ar livre e coletivos.
- Evitam atividades que possam lhe causar algum embaraço relacionado ao corpo.

EMOCIONAL

- Apresentam-se mais independentes, mais inquietos, diretos, com desejo de ajudar os outros.
- A capacidade de proteção tende a se apresentar mais intensa, especialmente em relação a crianças menores e animais.
- Tentativa de adequação aos padrões de beleza, o que gera angústia.
- Apresentam maior controle sobre si mesmos.
- Têm o desejo de crescer e não querem mais ser tratados como crianças.
- Apresentam capacidade de amadurecimento mais intensa. Procuram resolver seus problemas sozinhos.
- Procuram privacidade.

- Desejam fazer parte de algo importante.
- Às vezes sentem-se embaraçados pelas mudanças de seus corpos e sentem-se expostos.

SOCIAL

- Amplitude de gostos e interesses.
- Preferem a companhia dos outros ao invés da solidão.
- Criticam, mas apresentam dificuldade em aceitar as críticas que lhe são feitas.
- Procuram a aprovação dos colegas à dos adultos.
- Surge o interesse pelo sexo oposto.
- Questionam os valores familiares e autoridade.
- Tendem a rejeitar soluções prontas que lhe são apresentadas.
- Reintegração de meninos e meninas, mostram-se mais companheiro(a)s.
- Sentem necessidade de aceitação e pensam nos valores de aceitação do grupo a que pertencem.
- Costumam comparar-se uns aos outros.

INTELECTUAL

- Apreciam jogos de raciocínio, utilizam hipóteses para resolver problemas, apreciam a escolha e sentem-se mais motivados com isso.
- A figura do professor exerce influência importante nessa faixa etária. Preferem professores com mais senso de humor e exigentes.
- Não apresentam muito tempo de concentração.
- O pensamento se expande e passam a lidar com abstrações.
- Denotam avanço no pensamento conceitual e passam a se preocupar com valores diversos, como vida, lealdade, lei etc.
- Gostam de aprender.
- Despertam o senso crítico para questões de justiça e igualdade.
- Passam a compreender melhor causa e efeito.

LINGUÍSTICO

- Costumam registrar seus sentimentos em diários.
- A evolução em grupo mostra-se interessante recurso didático.
- Apresentam, ainda, dificuldade de estruturar o pensamento.
- Precisam ser orientados detalhadamente na questão da escrita em inglês para conseguirem expressar seus pensamentos.

DICAS PARA TRABALHAR COM PRÉ-ADOLESCENTES DE 11-12 ANOS

- Os materiais audiovisuais e gráficos costumam trazer excelentes resultados nessa faixa etária.
- Delegue responsabilidades.
- Proporcione oportunidades de trabalhos em grupos misturados, com variedade, pares e outras composições.
- Ajude-os a localizar a informação e os recursos que precisarão para a execução do que lhes é solicitado.
- Oriente-os a determinar padrões para o próprio grupo.
- Evite colocá-los em evidência para críticas.
- Proporcione oportunidades para questionamento de valores, expressão de opiniões.
- Utilize bastante a técnica predição (previsão, antecipação de acontecimentos etc.).
- Planeje atividades mais longas, para que trabalhem, também, com o fator tempo.

Adolescentes: 13 anos - 17 anos

FÍSICO

- As mudanças físicas causam-lhes embaraços e problemas de autoaceitação, também devido à alteração das proporções do corpo.

- É um desafio conviver com seu próprio corpo. Para alguns só agora há aumento de massa muscular, aumento de estatura, crescimento dos órgãos sexuais, crescimento dos pelos, aparecimento de espinhas e cravos, ocorrência de polução noturna nos meninos.
- Descobrem a sexualidade e as dificuldades em controlar seus impulsos sexuais.

EMOCIONAL

- Apresentam maior instabilidade, com antinomias como: alegria-tristeza, responsabilidade-inconsciência, timidez-audácia, solidão-afeto, alternando entre elas com facilidade. Essas oscilações às vezes fazem com que tenham reações inesperadas.
- Há grande preocupação com o visual e a tentativa de adequação aos padrões de beleza, o que gera angústia. Testam sua capacidade de atrair o sexo oposto.
- Costumam apresentar-se indecisos, ansiosos, quase sempre se colocando contra proibições ou conselhos familiares. O desejo pela independência faz com que se afastem dos que exercem algum domínio sobre eles.
- Compreensão é um fato essencial nos relacionamentos dos adolescentes. A aceitação dessa idade crítica em que se encontra, ajuda-o a se aceitar e a compreender a si próprio.
- Muitas vezes manifestam atitude hostil para com a escola. Vão contra normas rígidas e exigências.
- Apresentam-se mais autônomos para desempenhar tarefas, mais confiantes, destemidos e ao mesmo tempo inseguros com questões pessoais.

SOCIAL

- Há tendência a encontrar alguma forma de destacar sua personalidade diante dos outros, muitas vezes pela imitação de personagens famosas, colegas, professores que eles acreditam ter qualidades desejadas por eles.

- Buscam intimidade.
- Há variação nos laços de amizade.
- Propõem-se a resolver problemas da sociedade.
- Procuram segurança no grupo de mesma idade, anseiam pela aprovação dos que são mais velhos que eles.
- São altruístas e comprometem-se com muitas coisas diferentes. Seus espíritos de independência crescem rapidamente, mas devido à instabilidade e imaturidade, por vezes, manifestam-se com agressividade.
- A escola mostra-se um local propício para as experimentações sociais do adolescente, estimulando o desejo de independência, contraposto ao senso de pertencer a um grupo. É importante valorizar os dois aspectos durante suas aulas.
- Organizam-se em grupos até para protestar contra autoridades.
- Gostam de participar de atividades proporcionadas pela escola. Procuram conselhos de pessoas alheias à sua vida familiar.

LINGUÍSTICO

- Nessa fase, falar sobre a língua pode se tornar extremamente interessante quando a proposta solicita um desafio intelectual. Ao tornar o ato de conhecer curioso e provocar a investigação, o compreender a língua estrangeira pode passar a ser processo de investigação científica.
- Muitos adolescentes adquirem prazer pela leitura e escrita, apesar de reclamarem constantemente das leituras obrigatórias solicitadas pela escola, como paradidáticos, textos extras etc.
- Tornam-se impacientes quando o aprendizado não é significativo.

INTELECTUAL

Piaget explica que ocorrem diferenças no ritmo do desenvolvimento entre as pessoas e as atribui às variações na qualidade e frequência da estimulação intelectual recebida dos adultos durante a infância e adolescência, aos fatores espontâneos e endógenos do indivíduo e à presença de um meio que seja favorável.

Ao se pensar em estruturas lógicas, enquanto a criança lida apenas com operações concretas de classes, de relações e agrupamentos, o adolescente superpõe a lógica das proposições e desenvolve (atingindo o patamar aos 14/15 anos) um mecanismo formal que lhe permite trabalhar com esquemas operatórios que utilizará continuamente em seu pensamento experimental e lógico-matemático. É importante aproveitar esse momento para trabalhar com os alunos de forma motivadora.

- A curiosidade intelectual é potencializada a partir dessa faixa etária, bem como a capacidade de representação mental.
- Constroem teorias ou sistemas e o pensamento revela uma natureza autorreflexiva, desenvolvendo ideias próprias, que os adolescentes acreditam terem sido criadas por eles mesmos, libertando-os da infância e, de alguma forma, colocando-se em igualdade com os adultos.
- O pensamento alarga-se à perspectiva dos outros. A reflexão ultrapassa o presente e considera muitas possibilidades outrora não vistas.
- Começam a se considerar iguais aos adultos.
- Apreciam jogos de raciocínio, com domínio do raciocínio combinatório (capacidade de pensar sistematicamente nas possíveis variáveis de um problema). O real pode ser, muitas vezes, o ponto de chegada do raciocínio e não o de partida.
- A memória adquire maior capacidade de retenção.
- Torna-se possível raciocinar sobre hipóteses e a partir delas tirar conclusões por meio do pensamento formal.
- Desenvolvem um egocentrismo intelectual, acreditando ser capaz de resolver os problemas que surgem e considerando as suas conclusões como as mais corretas.
- Torna-se mais fácil trabalhar com hipóteses e propor: *Imagine yourself*... A maturação cerebral permite, agora, essa perspectiva.
- Você pode valer-se, também de atividades que envolvam raciocínio dedutivo. A Wikipédia define: "... o raciocínio dedutivo parte

da dedução formal tal que, postas duas premissas, delas, por interferência, se tira uma terceira, chamada conclusão. Entretanto, deve-se frisar que a dedução não oferece conhecimento novo, uma vez que a conclusão sempre se apresenta como um caso particular da lei geral. A dedução organiza e especifica o conhecimento que já se tem, mas não é geradora de conhecimentos novos. Ela tem como ponto de partida o plano do inteligível, ou seja, da verdade geral, já estabelecida".

- Voltam a demonstrar maior interesse pelos estudos, especialmente por conteúdos instrutivos como ciências sociais, filosofia etc.
- Marcos Pires Leodor, em artigo para a revista *Mente e Cérebro* (Edição 3, p. 13), explica: "A adolescência, ainda que associada à ampliação da capacidade de representar mentalmente o mundo, é um estágio do desenvolvimento humano marcado pelas funções afetivas. O sujeito se estrutura a partir da capacidade de mobilizar o outro, visando o suprimento de necessidades próprias. Enquanto a criança passa por um período de imitação dos adultos, o adolescente busca a autoafirmação em oposição à norma destes". Partindo desse olhar, as atividades trabalhadas em aula devem respeitar o momento vivido pelos alunos e abrir caminhos para que esse processo de autoafirmação possa se desenvolver durante as aulas de língua estrangeira.

DICAS PARA TRABALHAR COM ADOLESCENTES
DE 13 A 17 ANOS

- O desconhecido exerce influência maior do que a realidade. Procure trabalhar com projetos criativos e variados.
- O medo do desconhecido habita as mentes adolescentes, em constante mudança e, portanto, revela-se na linguagem. Surgem neologismos, que devem ser abordados, também, em língua inglesa. Dessa forma você pode trazer a realidade

para sua sala de aula e tornar a aprendizagem mais significativa. A comparação de termos usados em português com aqueles usados em inglês pode render bastante interesse de seus alunos nas aulas.

- Precisam de motivação e estímulo intelectual e emocional. Envolva-os com desafios.
- Escolha temas que transcendam gerações.
- Faça com que se sintam responsáveis.
- Proporcione situações de autonomia. Realizar trabalhos em grupo e apresentá-los funciona muito bem.
- Esteja disponível para aprofundar seu relacionamento e atuar na formação mais profunda dos adolescentes sempre que possível.
- Ajude-os a encontrar formas de se expressar, para que o ensino se torne estimulante.
- Não tente ser como eles, mas sim, respeite sua cultura.
- Proponha pesquisas, por exemplo, sobre o uso da língua e deixe que os próprios alunos elaborem a introdução de um item linguístico que você deseja estudar.

Observamos em treinamentos, faculdades, palestras, colegas, mestres, estudando, que há diversas formas de aprender um conteúdo. Chamou-me à atenção uma pesquisa de Claudino Piletti (*Didática Geral*, p. 156), na qual ele traz dados de uma pesquisa e revela que aprendemos através dos cinco sentidos nas seguintes proporções:

1% através do gosto;
1,5% através do tato;
3,5 % através do olfato;
11% através do ouvido;
83% através da visão.

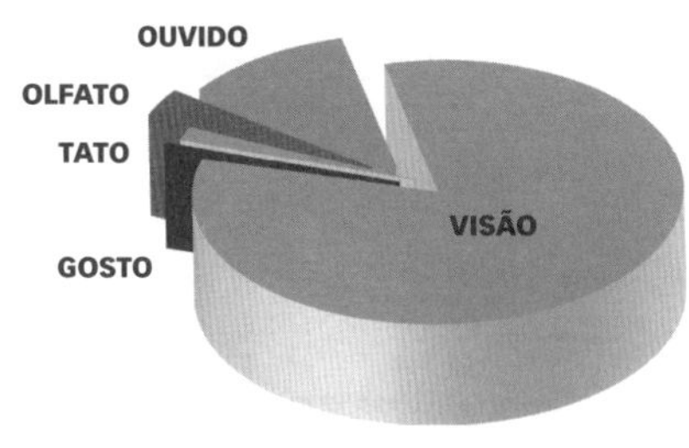

E retemos:

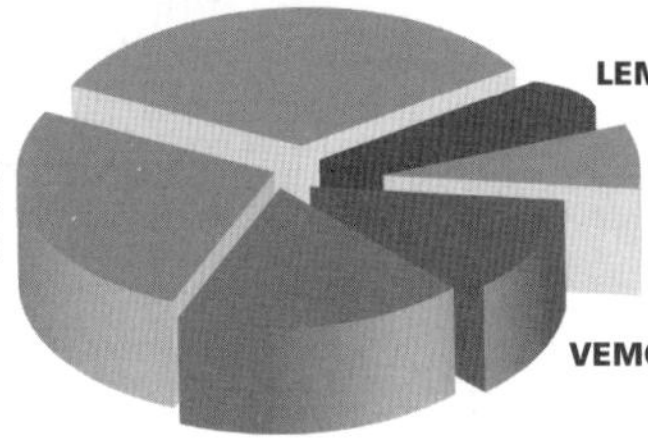

10% do que lemos;
20% do que escutamos;
30% do que vemos;
50% do que vemos e escutamos;
70% do que ouvimos e logo discutimos;
90% do que ouvimos e logo realizamos.

"A percepção através de um sentido isolado é menos eficaz do que a percepção através de dois ou mais sentidos."

Isso nos leva a refletir, mais uma vez, sobre a importância de integração de habilidades durante nossas aulas de língua estrangeira e necessidade de recursos didáticos modernos, que venham de encontro a essa geração para quem estamos lecionando. Quando usados adequadamente, os recursos didáticos colaboram para alcançar objetivos diversos.

Apresentamos nesse livro diversas possibilidades de atividades e recursos para que você possa adaptá-los à realidade de sua escola, seus alunos.

•

"NO DOMÍNIO DA ARTE, VIA INTERNET,
É POSSÍVEL APURAR O AROMA DE SEUS TRAÇADOS,
SUAS ROTAS DE ENCANTAMENTO A PRODUZIR E ACOLHER
OS ELEMENTOS SIGNIFICATIVOS DESSE NOSSO TEMPO."

LUCILENE MACHADO

(<http://lucilenemachado.tripod.com>)

2
Recursos na Internet

A INTERNET ASSUME, atualmente, um papel essencial na educação, no aprendizado. A infinidade de possibilidades, a praticidade, a qualidade e seu dinamismo nos leva à utilização, quase obrigatória desse recurso.

Nossos alunos estão conectados ao mundo, muitas vezes de forma autônoma através da Internet. Usufruir dessa vantagem nas aulas de línguas pode ser muito bom para o desenvolvimento de fluência e acuidade.

Observo, às vezes, resistência dos docentes em relação ao desenvolvimento de projetos e assuntos relacionados à Internet porque demandam pesquisa e um novo aprendizado. Sempre insisto que trabalhamos ensinando e aprendendo. Essa busca por conhecimentos novos pode, e deve, ser uma constante forma de desenvolvimento em nossas carreiras. Muitas vezes encontraremos alunos com maiores conhecimentos de informática e soluções para questões e programas que desconhecemos. É justamente nesse encontro que a troca acontece de forma natural e consistente. Durante as próprias aulas o professor pode mediar uma gestão por competências e compartilhar conhecimentos do século XXI.

Muitos colegas estão aprendendo a abrir contas de e-mails agora e descobrindo esse meio de comunicação. À medida que tomarem contato com os benefícios trazidos pela Internet, a velocidade na troca de informações e compartilhamento de conhecimentos, ficarão fascinados por essa nova linha de aprendizado. Procurei sintetizar e exemplificar possibilidades que já vêm sendo utilizadas por profissionais de nossa área pelo mundo todo. No Brasil, vejo o crescimento de interesse nesse tipo de recurso didático. O uso de lousas digitais associado ao acesso da Internet enriquece as aulas, programas e interação professor-aluno.

O que entendemos por competências?

São combinações de conhecimentos, habilidades e atitudes, expressas pelo desempenho profissional que agregam valor às pessoas e à organização.

Sob essa ótica o compartilhar implica na habilidade de disseminar conhecimento, desenvolvendo a capacidade dos outros de forma a assegurar a otimização dos resultados das equipes de alunos. Ela envolve a identificação de necessidades individuais e organizacionais e a criação de experiências efetivas que desenvolvam o aprendizado nessas áreas.

Partindo dessa ideia, proponho algumas estratégias via Internet para proporcionar o desenvolvimento linguístico e aprofundar o significado da aprendizagem de seus alunos.

No site do British Council há uma seção na qual você pode acessar e ouvir ou baixar gravações sobre esse assunto, versando sobre a história da Internet, experiência de professores com esse tipo de aula. Vale a pena investigar: **www.teachingenglish.org.uk/think/podcasts/knowledge**.

Além dos recursos propriamente ditos, é importante promover conversas e aprendizado sobre a Internet como um todo. Discutir a forma de usufruir desse recurso, opiniões, perigos e vantagens da rede é tão importante quanto a aplicabilidade dos recursos.

Veja algumas sugestões para abordar o assunto:

ATIVIDADE

Expanding Internet

PROCEDIMENTO: Discuta com seus alunos em roda de conversa ou pares e depois com todos os alunos juntos, levantando prós e contras de ideias sobre a Internet.

PROS/ CONS
Live broadcasts from high school lessons.
Accessing any TV program ever made.
Live coverage of all sporting events.
Live broadcasts of police prison cells and interrogations.
A 24-hour webcam in the Oval Office in the White House.
Access to all of the world's books.
Access to all of the world's music.

ATIVIDADE

E-Mail News

PROCEDIMENTO: Os alunos falam sobre mensagens de e-mails e notícias que viram na Internet recentemente.

SUGESTÃO
Were you happy to get that news?
Was it a long e-mail? How did it make you feel?
Did you reply straight away?
What were your feelings just before you opened the mail?
Does that person often write to you?
Do you reply to e-mails quickly?
Is it important?

Webquest

Ao pesquisar na Internet encontrei centenas de Webquests dos mais variados assuntos e com objetivos distintos, porém todos possuem uma característica marcante em comum: a construção do conhecimento através de um desafio. O aluno recebe insumos para desenvolver seu raciocínio, pensamentos e pontos de vista. Os professores tornam-se autores e produtores, sem limite de criatividade em suas obras.

Observo essa ferramenta como uma forma concreta para o aprendizado através de pesquisa e de tarefas significativas e contextualizadas. Para nós, docentes, significa, também, a cooperatividade em rede. Podemos compartilhar ideias, projetos, caminhos e resultados. O livre acesso aos trabalhos desenvolvidos proporciona a interatividade entre os profissionais.

O professor Jarbas Novelino Barato disse, em entrevista à revista eletrônica do Senac de São Paulo, em sua edição de janeiro de 2002: *"Há um novo jeito de ensinar quem usa a Internet com muita, mas muita criatividade. É simples, eficiente e dispensa maiores conhecimentos de informática"*. Essa fala nos estimula a buscar um caminho atualizado, tecnológico e cada dia mais palpável em nossa realidade brasileira para o ensino de língua estrangeira.

Há uma vantagem especial no uso de Webquest: os sites para pesquisa apresentam textos autênticos e atualizados, fazendo uso da linguagem real e preparando o aluno para o futuro mercado de trabalho no qual a metodologia de pesquisa na Internet é uma constante praticamente em todas as áreas.

Justamente pela observação de resultados muito interessantes e conquistas dos alunos é que incluí essa excelente ferramenta para que você possa utilizar esse recurso de informática e se juntar a nós nessa experiência gratificante.

Vamos à parte prática para a elaboração de uma Webquest. Será necessário criar um site que pode ser construído com um editor de HTML, serviço de blog ou até mesmo com um editor de texto que possa ser salvo como página da Web.

Gostaria de enfatizar que a riqueza das Webquests está, mesmo, na Internet. Por essa razão descrevo alguns passos e sugestões para que você encontre, através de suas pesquisas, os caminhos mais adequados à sua realidade. Antes de abordamos o assunto mais detalhadamente, quero definir alguns aspectos importantes para o professor. Marcos Bagno (*Pesquisa na escola*, p. 17) define a pesquisa como uma palavra vinda do espanhol, que, por sua vez, herdou-a do latim "*perquiro*", que significa informar-se, perguntar, inspirando algo feito com cuidado e profundidade. Quero ressaltar a importância de ensinar os alunos a realizar essa parte essencial do trabalho escolar.

O QUE É

Webquest é uma metodologia de pesquisa na Internet, apresentada em 1995 por Bernie Dodge, professor da Universidade de San Diego desde os anos 1980. Atualmente há mais de 10 mil páginas disponíveis, oriundas de diversos países. No Brasil destaca-se, ainda o professor Jarbas Novelino Barato, coordenador educacional do portal Webquest.org (<http://webquest.org>), com informações detalhadas sobre o assunto.

CARACTERÍSTICAS PRINCIPAIS

- Estimula o pensamento crítico e é voltada para o processo educacional;
- Parte da definição de um tema e objetivos estipulados pelo professor;
- A partir de uma pesquisa o professor disponibiliza links para a execução de tarefas através de consultas dos alunos;
- As tarefas são conhecidas como o coração da Webquest;
- Os produtos realizados pelos alunos podem ser publicados na Web;
- Segundo Bernie Dodge, os alunos transformam as informações pesquisadas mediante uma necessidade ou problemática.

QUAL SUA APLICABILIDADE?

É possível desenvolver qualquer assunto de interesse de seus alunos, na complexidade desejada e pode ser aplicado para alunos com diferentes características e qualificações. Além de poder trabalhar com temas específicos, pode-se desenvolver até uma Webquest sobre a língua, com explicações, exemplos, textos etc. Um aspecto importante para lembrar é a valorização do trabalho em equipe. Os alunos precisam trabalhar juntos para conseguirem realizar as tarefas. Entretanto, é preciso ajudá-los a equilibrar o trabalho individual e coletivo, a busca pela realização pessoal e do grupo. As dificuldades de trabalho em grupo fazem parte de nossa sociedade e o estímulo dado na escola, juntamente com a orientação dos professores, aumentam as chances de trabalhos solidários e maior desenvolvimento das competências.

IDADE

Há profissionais que indicam a metodologia a partir de oito anos de idade na língua materna. Como pensamos em língua estrangeira, é importante utilizar a ferramenta apenas quando o aluno já tem certo conhecimento do idioma. Sugiro o uso a partir de níveis pré-intermediários de conhecimento linguístico devido à leitura crítica dos sites indicados para pesquisa. Baseados na pesquisa, os alunos podem elaborar e fundamentar suas opiniões.

PAPEL DO PROFESSOR

- Escolher o assunto;
- Pesquisar websites para referência e pesquisa;
- Desenvolver as tarefas (o coração);
- Elaborar tarefas interessantes e estimulantes;
- Elaborar uma rubrica para o aluno saber desde o início o que se espera dele;
- Atualizar as informações, se necessário;
- Escrever todo o texto da Webquest;
- Colocar a Webquest na Internet;

- Estimular os alunos durante a execução do projeto;
- Assessorá-los no que for necessário.

Pedro Demo (*Educar pela pesquisa*, p. 29) classifica cinco desafios da pesquisa no professor:

1 (Re)construir projeto pedagógico próprio
2 (Re)construir textos científicos próprios
3 (Re)fazer material didático próprio
4 Inovar a prática didática
5 Recuperar constantemente a competência

Reconstruir seu próprio projeto pedagógico, refletir em suas práticas e buscar alternativas mais apropriadas para seus alunos são fatores determinantes no desenvolvimento profissional dos docentes. O item 5, recuperar constantemente a competência, também se relaciona a essa busca pessoal por desenvolvimento e crescimento profissional. Nossas aulas se tornam sempre mais interessantes e significativas com os diferenciais.

"HANDS ON"

Ao iniciar a elaboração de seu projeto de Webquest, pense em preencher os campos dessa tabela:

Título: ______________________ Idade: __________
Área(s)curriculares: ______________________
Objetivos: ______________________
Duração: ______________________
Materiais: ______________________
Interdisciplinaridade: ______________________
Recursos didáticos: ______________________
Pré-requisitos: (conhecimento de informática, nível linguístico em inglês)
Sugestões: ______________________
Rubrica: ______________________

* Segue, em **Teacher Notes**, na página 41, um exemplo real.

ASSUNTO

Definir o assunto é o primeiro passo. Você pode se valer da Webquest para trabalhar temas específicos, utilizar um paradidático, até mesmo a gramática.

PROPOSTA

Elaborar uma proposta que engaje seus alunos.

Há um modelo bastante interessante proposto por Bernie Dodge. Ele publicou o checklist na Internet, em 1999. Observe detalhadamente se o **seu** projeto está bem estruturado. O endereço da Web é **<http://webquest.sdsu.edu/processchecker.html>**.

Alguns itens importantes a serem respondidos por você ao terminar de elaborar seu projeto:

1 Os papéis estão bem definidos e todos os envolvidos sabem o que devem fazer?
2 Os grupos estão montados?
3 Os alunos podem identificar os recursos (na Web ou outros) para pesquisarem?
4 Você elaborou detalhes de como eles devem proceder a cada passo? Há sugestões de formatos para a entrega dos trabalhos?
5 O processo se encaixa na descrição da tarefa?
6 Na linguagem utilizada você chama os alunos de você e não fala em terceira pessoa (ex. os alunos devem...)?
7 Os links estão bem localizados na Webquest para não distraírem os alunos a clicarem e partirem para outros sites prematuramente?

PESQUISA

Pesquisar fontes adequadas na Internet, anotar os links e navegar bastante em cada um deles para orientar adequadamente seus alunos.

INTRODUÇÃO

Escreva a introdução da Webquest, levando em consideração as características de seu grupo de alunos. Procure ser objetiva, direta, motivante, desafiadora. Esse texto costuma ter, no máximo dois parágrafos.

Exemplos:

- *"The Museo de Sud America has employed you and your partner(s) as their research biologists. The members of the museum are concerned about the Selvas region of South America. This region is tropical rainforest and better known as the Amazon jungle. The rainforest is being destroyed on a daily basis and the museum wants to educate the public about the living things that form the forest. Their hope is to preserve the forest through education. Since the organisms within the forest are dependant upon each other, as well as we are dependant on the forest, the focus of this project is on the forest's delicate food web."*

  Neil Buttlagliese <www.callunafineflowers.com/memorial_middle_school/WebQuest/index.htm>

"Congratulations!!! You and three of your classmates have just been chosen to be the founding fathers of a new company called „The Sky's the Limit". This company will be marketing a rare product, one which will be highly valued by all human beings who enjoy traveling, but don't have the time, resources, or perhaps the energy to research the area to which they would like to travel. You are not only going to entice the tourists of this world, but you are also going to have a hand in helping the tourism industry. Not only will this new position offer you the opportunity to work with your peers, it may also allow you to explore many areas of this planet that you have yet to see. Bon Voyage!!"

Kelli Grammes <www.beth.k12.pa.us/schools/wwwclass/kgrammes/kgwebquest/kgwebquest.htm#intro>

TAREFAS

Desenvolva as tarefas de acordo com a carga horária que pretende utilizar para esse projeto. Elas devem ser atrativas e estimulantes. Escreva o roteiro que ajudará os alunos a realizarem as tarefas. A quantidade de tarefas e a complexidade de cada uma determinam o tempo que os alunos utilizarão em pesquisa, discussão e elaboração. Veja alguns exemplos abaixo:

> *"Your first hurdle is that you have never made homemade pizza before, and, there are no recipe books in the house. Luckily, a friend is giving you the URL of a great online recipe site, and he has promised you that you will be able to find recipes for the dough, for the sauce, and for making pizzas there. Your second hurdle is that Mom needs to know how much of which ingredients to buy. Fortunately, you have a great spreadsheet program where you will be able to figure it all out. And finally, since it was the three of you that got you into this, Mom wants each of you to rate the others in your group on how much they participated and contributed."*
>
> **CHAS SPENCER** <www.angelfire.com/home/chas/WQ.html#Task>

Cada tarefa apresentada é um desafio e requer trabalho em equipe, criatividade e pesquisa para sua realização.

- *"You belong to a team that is going to participate in a contest promoted by São Paulo City Hall. The contest will select the best team to present São Paulo in an International Tourism Seminar, in the USA. The winner team will be granted a trip to New York and will have the privilege of presenting their work at this important event.*

  Your team is supposed to prepare an illustrated report of about 1000 words, presenting the city in a concise, but well-structured and very exciting way in no more than 40 minutes.

Your team is composed of 4 people. Each of you are going to play one of the following roles: History professor, Tourist guide, Gastronomy expert, Culture and arts critic."

VERA SILVA DOS SANTOS <http://paginas.terra.com.br/educacao/nicesp/task.htm> – Nice to meet you São Paulo!

Nesse exemplo, Vera desafia seus alunos a assumirem papéis distintos os quais pretendem gerar produtos diferenciados, porém interativos.

PROCESSO

Explicação detalhada sobre cada passo das tarefas solicitadas. Use linguagem objetiva e clara. Não trabalhe com parágrafos extensos. O processo é como uma receita: você deve escrever passo a passo o que deseja que os alunos façam. É importante explicar como o grupo deve proceder no trabalho, detalhadamente, bem como definir os papéis dos participantes do grupo, a forma do produto final etc.

Veja como o processo para o projeto *Pizza* foi descrito:

"This is a team project, and you will be assigned into groups of three. Each group will do the following:

1. You will go on-line and choose and print a recipe for pizza dough, a recipe for pizza sauce, and three recipes for putting together and making pizzas. (Please note, some pizza recipes include dough and/or sauce recipes. If you choose one of these, then this will effect how much of the dough and/or sauce recipes that you will need.)
2. Once you have your recipes, it is time to figure out how much of which ingredients you will need. I recommend that you make five spreadsheets to do that.
3. The first spreadsheet should be to figure out how many pizzas are needed of what kind.
4. The second spreadsheet should be to figure out how much of which ingredients are needed for the pizza dough recipe that

you are using. (Be sure and note how many pizzas your dough recipe is for.)

5 The third spreadsheet should be to figure out how much of which ingredients are needed for the pizza sauce recipe that you are using. (Again, be sure to note how many pizzas your sauce recipe is for.)

6 The fourth spreadsheet should be to figure out how much of which ingredients are needed to put your pizzas together. (This spreadsheet should exclude the ingredients in the second and third spreadsheets.)

7 The fifth spreadsheet should be a summary, (that your Mom could have used), of the ingredients for a shopping list.

8 After your spreadsheets are finished, each team member will write a short note on how much their two partners contributed and participated."

Na *Webquest Nice to meet you São Paulo!*, os cinco passos do processo são claramente definidos e detalhados. Essa objetividade traz segurança ao aluno. Veja:

1ST STEP:

Your teacher will hand out each student a card of a specific color. Each color will represent one of the city specialists:

- History professor
- Tourist guide
- Gastronomy expert
- Culture and arts critic

Your group will be formed of four people, each person holding a different color card and so, playing a different role.

2ND STEP:

Once the groups and roles are defined, each of you will receive a sheet of paper with the description of the items you are supposed to research and web sources where you can find the data in order to play your role in the task.

Choose a member of the group to be the team compiler.

3RD STEP:

Based on the script of your role, each specialist will have a week to produce a text of no more than 250 words (sources should be mentioned in the end of the document). The text should be sent to your teacher through e-mail. Your teacher will make suggestions and corrections and send it back to you. You will edit the text, applying the suggestions the teacher made and send it to the group compiler. The group compiler will add the text to the complete document which will both be presented to your class and handed in for appreciation on the oral presentation day.

4TH STEP:

Your team will have one class to rehearse in order to get prepared for the presentation. Items as timing and presentation flow should be tracked and adjusted on this rehearsal day.

5TH STEP:

Your team will finally present the report using pictures, transparencies and all kinds of illustrative materials and hand in the final and complete report to teacher and classmates.

RECURSOS

São os links e websites que os alunos devem utilizar ou outras fontes.

RUBRICA

Estabeleça os critérios de avaliação como achar mais conveniente. Os alunos podem ter uma nota individual, uma em grupo, nota de autoavaliação, de avaliação do grupo e podem, ainda, ser avaliados em relação à qualidade de material apresentado, organização, desempenho geral no trabalho, aspectos colaborativos, completar as tarefas propostas etc. Use sua criatividade.

Observe dois exemplos distintos:

> *"Your work will be evaluated according to process and product.*
> *Process: teamwork, individual work*
> *Self-evaluation: 15%*
> *Peer evaluation: 15%*
> *Teacher evaluation: 10%*
> *Individual report and oral presentation of the assigned roles: 20%*
> *Final report and team presentation: 40% "*
>
> VERA SILVA DOS SANTOS <http://paginas.terra.com.br/educacao/nicesp/task.htm> – Nice to meet you São Paulo!

> *"The grading rubric for this project is listed below. Once your team has completed the project, you must go to the **evaluation form**, print the form, and self-evaluate your team's ability to meet the requirements. You do have until the final due date to improve any area of the project. Give the completed **evaluation form** to your teacher when you are ready to be graded."*

Em ambos os exemplos citados, houve um olhar para a autoavaliação nas perspectivas individual e coletiva, com critérios preestabelecidos e claros, que norteiam, inclusive, a realização do trabalho. A clareza daquilo que se espera do aluno faz com que ele possa adequar seu esforço e participação de forma mais sistemática e motivadora.

Veja esse outro modelo:

Amazon Food Web Evaluation Form Web Site		
Category - four points each	**Student Score**	**Teacher Score**
Home Page		
Food Webs Page		
Producers Page		
Herbivores Page		
Carnivores Page		
Omnivores Page		
Scavengers Page		
Conservation Page		
Factual Content		
Overall Design		
Written Record		
Amazon Quiz		
Food Web Poster **5 points:** Contains 15 labeled pictures of Amazon Organisms		
3 points: Contains two producers, eight herbivores and five carnivores		
3 points: Contains accurately displayed arrows		
1 point: Contains a title		
3 points: Overall quality and visual appeal of poster		
Total		
	÷ by 55 and then x 100	
Percentage		

NEIL BATAGLIESE Amazon Food. (<www.callunafineflowers.com/memorial_middle_school/WebQuest/index.htm>)

CONCLUSÃO

Escreva a conclusão de forma clara e simples, como a introdução. É importante retomar a proposta da introdução para fazer o fechamento, realçar a importância do trabalho em si e incentivá-los a continuar sempre pesquisando e utilizando as ferramentas aprendidas no processo. Exemplos:

> *"The Internet can be a very valuable source to all people, particularly when they need to get information quickly and successfully. Traveling on the Internet can be just as enjoyable for cyber surfers as it is for tourists. Not all people have the resources to travel, so the Internet offers an opportunity that they may not otherwise be given.*
>
> *By completing this webquest, you have cooperated with your peers to gain knowledge about your selected destination and technological skills to create electronic products, and to improve your persuasive writing skills. Bravo! Job well done!"*
>
> **Kelli Grammes** Travel Brochure

> *"By doing the task proposed by this Webquest you must have acquired a lot of knowledge about São Paulo. What's more, you did it in a fun and cooperative way, also having the possibility of improving your writing and oral skills in English.*
>
> *What about extending this project beyond the classroom? How?*
>
> *What about sharing the information you gathered with a larger number of people by publishing a blog or a homepage about São Paulo on the Internet?"*
>
> **Vera S.Santos** <http://paginas.terra.com.br/educacao/nicesp/index.htm>

AGRADECIMENTOS/ CRÉDITOS

Sinta-se à vontade para agradecer a quem quiser, da forma que quiser.
Exemplos:

Créditos da Pizza:

1 The pizza picture in the opening section came from <www.free-foto.com>

2 Thank you to my son Charles and his friend Ryan for their feedback and perspectives as seventh grade students.

3 Thank you also to Toni for giving me an adult opinion.

TEACHER NOTES

Algumas Webquests apresentam a elaboração do projeto em si e a publicam nessa seção. Anexei um exemplo utilizado por Nellie Deutsch, Canadense, doutoranda em "Educational Leadership" pela Universidade de Phoenix, com 30 anos de experiência em EFL. Após a realização desse plano foi possível colocar o projeto em prática.Vale a pena conferir. <www.nelliemuller.com/Theperfectsociety.teacher.htm#Teacher%20Notes>

LESSON TITLE: The Perfect Society

CURRICULAR AREA: Literature

GRADE LEVEL: 9-12

GOAL/ PURPOSE: Students will investigate and uncover the flaws in the community as presented in *The Giver*. They will keep track of all the information they disclose from observations and interviews in a journal: <www.nelliemuller.com/Theperfectsociety.committeejournal.htm>

The final team written report will follow the following guidelines: <www.nelliemuller.com/Theperfectsociety.writtenreports.htm>

The members will present their findings and suggestions on a big screen for the whole community to view in the main auditorium. This will be done by either PowerPoint, video or play: <www.nelliemuller.com/Theperfectsociety.presentation.htm>

LENGTH OF LESSON: approximately two weeks.

MATERIALS: Computers, MS Office applications, projector and Internet access.

INTERDISCIPLINARY CONNECTIONS: Language Arts.

TEACHER RESOURCES: *The Giver*, by Lois Lowry.

PREREQUISITE LEARNING:

1 MS PowerPoint, MS Word and use of projector:
<www.nelliemuller.com/Computer_Technology_Tutorials_for_Teachers.htm>

2 Reading and full understanding of *The Giver*, by Lois Lowry.

3 Plagiarism, copyright issues and citing resources:
<www.nelliemuller.com/Copyright_Fair_Use_Education.htm>
<www.nelliemuller.com/Copyright_Fair_Use_and_Plagiarism.htm>

4 How to summarize resource material and ideas from the Internet: <www.nelliemuller.com/summary_march30.htm>

SUGESTÃO DE PROCESSO

1 Deliver instruction by power point presentation:
<www.nelliemuller.com/ThePerfectSociety.WebQuest.Instructions.Assure.Final.ppt>

2 Print out student part of the Webquest and journal for reference when working offline.

3 Hold class or group discussions throughout the process to discuss information and issues that may arise:
<www.nelliemuller.com/Student.Assure.Project.htm>

4 Ask for team work progress throughout the process. This can be done in a team journal:
<www.nelliemuller.com/English_project_weekly_progress_report_page9.htm>

5 Discuss plagiarism and copyright issues and how to give credit by citing resources.

Seguem, abaixo, algumas Webquests interessantes para você visitar, com assuntos diversos e propostas diferenciadas. Acrescente suas descobertas de Webquests no final da tabela.

Exemplos	Endereços de acesso
Harry Potter	<www.geocities.com/dhendry26/hpwq.html>
A travel brochure	<www.beth.k12.pa.us/schools/wwwclass/kgrammes/kgwebquest/kgwebquest.htm>
Webquests divididas por faixa etária	<www.nelliemuller.com>
Orienta como proceder para pesquisar na Internet	<webquest.sdsu.edu/searching/fournets.htm>
Amazon food web	<www.callunafineflowers.com/memorial_middle_school/WebQuest/index.htm>
Nice to meet you São Paulo	<http://paginas.terra.com.br/educacao/nicesp/index.htm>
A Pizza Family Reunion – de ingredientes à culinária	<www.angelfire.com/home/chas/WQ.html>
Acrescente novos endereços de suas pesquisas na Internet	

GABARITO/ TEMPLATE

Uma vez escrito seu projeto, será necessário colocá-lo em um *template*, que chamamos de gabarito. Essa hospedagem é normalmente gratuita, o que possibilita compartilhar trabalhos já realizados. Você deve acessar um desses sites, escolher seu modelo e seguir os passos colocando seu texto, fotos, vídeos etc. para, então, colocá-lo na rede. Veja alguns endereços eletrônicos para que você possa colocar em prática sua Webquest. Você poderá escrevê-la e hospedá-la em um deles.

- <http://webquest.sdsu.edu/LessonTemplate.html>
- <www.educationaltechnology.ca/resources/webquest/templates.php>
- <http://webquest.sdsu.edu/templates/lesson-template1.htm>
- <http://webquest.sdsu.edu/LessonTemplate.html>
- <www.spa3.k12.sc.us/WebQuestTemplate/webquesttemp.htm>
- <www.livre.escolabr.com/ferramentas/wq/index.php>
- <www.zunal.com>
- <www.livre.escolabr.com/ferramentas/wq/index.php>
- <www.tripod.lycos.com/boavinda.html>

BLOG

O QUE É?

O computador é hoje, mais do que para qualquer geração, ferramenta cotidiana, como a televisão. Porém, exerce um papel fundamental de conexão com o mundo cognitivo.

O diário, sempre considerado forma de expressão típica dos adolescentes, hoje se manifesta pelos blogs escritos e compartilhados por essa geração. Os assuntos são sempre sobre o cotidiano deles, festas, encontros, viagens etc. São escritos com muitas gírias, limitando, inclusive, a compreensão de quem os "invade".

Blogs e fotologs tornam-se aliados do professor que assume riscos diante de seus próprios projetos. Ter um blog atualizado por seus alunos é uma ótima forma de exercitar a escrita, a construção do pensamento.

Além dos blogs pessoais há os educativos ou também chamados de edublogues, que são publicações de fácil criação e manutenção e que podem ser feitos pelos próprios alunos.

O principal diferencial dos edublogues é que os textos podem ser lidos, comentados e acessados por qualquer pessoa que esteja navegando na Internet. A comunicação e a publicação de ideias acontecem em tempo real.

CARACTERÍSTICAS PRINCIPAIS

- Blog vem da abreviação de weblog: web (tecido, teia, também usada para designar o ambiente de Internet) e log (diário de bordo).
- O blog é muito simples de ser montado e atualizado.
- Há espaço para colocar muita informação em diversos formatos: textos, vídeos, fotos etc.
- Você utiliza sites prontos de ferramentas para trabalhar com ele (informações abaixo em *Hands on*).
- O blog deve ter a "cara" de seu grupo.
- Há espaço para comentários daquilo que foi postado.
- Um dos provedores de acesso gratuito aceita até um mega, ou mil kbites. Uma foto pequena e um texto de dez linhas ocupam, cada um, cerca de dez kbites. Isso significa que há bastante espaço para registro.

QUAL SUA APLICABILIDADE?

Você pode colocar projetos no blog, utilizá-lo como se fosse um "diário de bordo" de seu grupo, registrar fatos importantes para sua comunidade, colocar fotos e comentários sobre eventos da escola, inserir pesquisa sobre algum assunto específico que esteja trabalhando, registrar receitas, vídeos, músicas, permitir que seus alunos interajam, enfim... use sua imaginação.

IDADE

Há alunos a partir de dez anos que conseguem atualizar o blog e alimentar informações, se já houver contato prévio com informática. Caso contrário, será necessário avaliar as habilidades de seu grupo.

PAPEL DO PROFESSOR

- Iniciar o blog e monitorar as alterações inseridas pelos alunos.
- Ler comentários frequentemente.
- Motivar seus alunos a organizarem e criarem coisas novas para o blog.
- Orientá-los nos formatos e registros.

- Corrigir erros ortográficos ou estruturais para ajudar na exposição correta do idioma.
- Divulgar para as famílias e amigos para que prestigiem o trabalho de seus alunos.

HANDS ON

Através desses endereços você pode criar seus blogs. Basta seguir as orientações dos próprios sites, o passo a passo (tutorial), abrir uma conta de e-mail do provedor e mãos à obra.

- **<www.blogger.com/start>**
- **<http://blog.terra.com.br>**
- **<www.criarumblog.com>**
- **<http://blog.uol.com.br>**
- **<www.blogspot.com>**

DICAS

- Não esqueça de incluir uma seção para apresentação.
- Apresente-se aos leitores. Isso faz diferença ao escolher um blog para consultar ou se cadastrar pelo feed (explicação abaixo).
- Cuidado com erros ortográficos e frases mal-estruturadas. Por se tratar de um blog educativo é preciso atenção.
- Desenvolva um padrão de atualização postando informações nos mesmos dias da semana, por exemplo.
- Responda aos comentários sempre que postados.
- Facilite a visualização de posts mais antigos. Você pode listá-los por data, por categoria etc.
- Pense nos títulos. As pessoas somente irão ler o post se o título chamar a atenção e for interessante. Inclua palavras-chaves no título para facilitar pesquisas. Você mesma pode testá-lo realizando pesquisas em sites de buscas.
- Por ser educativo talvez você prefira que se identifiquem ao fazer comentários, mas não é algo obrigatório.

Feeds

O QUE É?

Você pode utilizar uma ferramenta chamada feeds como recurso para ler as últimas notícias de seus blogs preferidos e receber a informação de novo conteúdo sem ter que acessar os Websites. Para utilizar o feeds você precisa de um "leitor", que é um software simples de ser baixado. Sempre há novas versões e opções na Internet. Você pode acessar, por exemplo, o **<http://google.com/reader>** ou o **<http://freereader>** para baixar essa ferramenta em seu computador.

Quando trabalhar com um blog educacional vale a pena ter a ferramenta e ensinar seus alunos a baixá-la para terem acesso às alterações feitas pelos próprios alunos do mesmo grupo, de vários grupos, de uma escola etc.

Em minha pesquisa sobre o assunto obtive a informação de que há, atualmente, blogs com mais de 15 mil assinantes de feeds no Brasil.

Endereços de blogs interessantes para o aprendizado de inglês, que contêm dicas de vocabulário, gramática, pronúncia, erros, curiosidades, expressões idiomáticas, receitas etc.

- **<www.bloggish2008.blogspot.com>**
- **<www.teclasap.com.br/blog>**
- **<http://englishcaffe.blogspot.com>**
- **<www.englishexperts.com.br>**
- **<www.cookingclass2007.blogspot.com:80>**

Outros endereços de blog educacionais:

- **<http://blogosferamarli.blogspot.com>**
  Blog pessoal da professora Marli Fioretin, que discute sobre as novas tecnologias na educação. Há vários links para sites e fóruns de discussão.

- **<www.eslgo.net>**
  Nesse site você encontra direcionamentos para áreas específicas ESP, blogs, sugestões para professores etc.

- **<www.eslcafe.com/discussion>**
  Diversos fóruns para professores e alunos de inglês, classificados por áreas de interesse.

TEMPLATES E OUTROS RECURSOS

Endereços para você buscar templates e recursos diversos para seus blogs.

- **<http://layoutsbrasil.blogger.com.br>**
- **<www.tudoparablogs.com>**
- **<www.brumaximus.blogger.com.br>**
- **<www.templatesbymarina.com>**

FLOG ou FOTOLOG

O QUE É?

Similar ao blog, seu principal objetivo é compartilhar imagens de maneira interativa, já que os visitantes podem fazer comentários, sugestões ou críticas.

CARACTERÍSTICAS PRINCIPAIS

- Muito similar ao blog.
- A diferença fundamental é que predominam fotos ao invés de texto.
- As fotos podem ser colocadas em ordem cronológica ou seguir outra classificação.
- Costuma-se inserir legendas.

HANDS ON

Você pode se cadastrar no site <www.fotolog.com.br>, tornar-se um membro e seguir as instruções para criar uma página de fotos com legendas.

Os fóruns de discussão desse site são, inclusive, em inglês. O sistema de criação é muito simples e não requer nenhum conhecimento específico de informática.

Você também pode criá-lo através do <www.fotolog.terra.com.br>; <www.hyperfotos.com.br> ou <http://fotolog.pop.com.br>.

EXEMPLOS DE FLOGS

- **<http://falandodeesportes.nafoto.net>**
  Fotoblog da escola municipal Caic Mariano Costa, em Joinville (SC), realizado com a disciplina de educação física.

- **<http://trocandoletras.zip.net>**
  Blog colaborativo para compartilhar experiências de uso das tecnologias.*em sala de aula.*

VARIAÇÃO

Você pode propor projetos que envolvam filmagem e arquivar em <http://videolog.pop.com.br> ou <www.videolog.uol.com.br>.

PODCAST

O QUE É?

Podcasting é uma forma de publicação de arquivos de mídia digital, geralmente vídeos e áudio, pela Internet. A palavra é a junção de iPod - marca do aparelho de mídia digital da Apple de onde saíram os primeiros scripts de podcasting - e broadcasting (transmissão de rádio). A série de arquivos publicados por podcasting é chamada de podcast. O autor (ou a autora) de um podcast é chamado(a) podcaster. (Fonte: Wikipedia)

CARACTERÍSTICAS PRINCIPAIS

- Vem através de um feed.
- É usado principalmente em sites de notícias e blogs, que atualizam seu conteúdo regularmente. O utilizador pode permanecer informado de diversas atualizações em diversos sites sem precisar visitá-los um a um. (Wikipedia)
- É possível o acompanhamento e/ou download automático do conteúdo de um podcast.

QUAL SUA APLICABILIDADE?

Serve para receber uma lista de atualizações dos sites escolhidos, no momento em que elas ocorram. Muito usado em sites de notícias, sites de previsão do tempo, informações sobre o trânsito, informações econômicas e blogs.

HANDS ON

É preciso ter instalado em seu computador um dos seguintes programas: iTunes, Media Player, QuickTime ou semelhante. Os alunos podem ouvir os podcasts ou baixar informações. Para ter uma assinatura é necessário baixar o programa:RSS. Você pode acessá-lo no endereço <www.ipodder.org>.

Podcasts especialmente selecionados para estudantes: <http://iteslj.org/links/ESL/Listening/Podcasts>.

Para receber informações de podcasts voltados para alunos em fase de aprendizagem de inglês você pode se inscrever no site: <http://englishcaster.com>.

Sugestões de atividades

ATIVIDADE 1

Website Report

Indique alguns websites ou deixe que seus alunos os escolham e peça que preencham um relatório breve sobre ele para compartilharem com a classe.

Name of site: ______________________________

URL: ______________________________

Type of news: ______________________________

Brief description of the site: ______________________________

Easy to read: ______________________________

Distractions: ______________________________

Loading time: ______________________________

Extra analysis: ______________________________

Links to related sites: ______________________________

Usefulness: ______________________________

Pictures and diagrams: ______________________________

PESQUISAS NA INTERNET

ATIVIDADE 2

Currency

Descubra a moeda corrente de dez países diferentes.

EX.: shekel, peseta, lira, yen, schilling, pound, escudo, ruble, koruna, zloty etc.

Escolha dois países e descubra quanto custa:

1 litro de gasolina
1 cafezinho
1 ingresso de cinema
1 coca-cola

Confira o valor do dólar americano hoje. Imagine que você recebeu U$ 500 para fazer compras pela Internet. Crie uma lista de compras com o produto, descrição, valor, país de origem.

DESAFIO: What single European Union monetary unit was introduced in January 1999?

■ ATIVIDADE 3

Astrological Signs

Quais são os signos do zodíaco? Procure na Internet as datas e características dos signos (personality, traits). Compare os resultados.

Procure o horóscopo de seu signo hoje.

Pergunte aos colegas se acham que as previsões encontradas estão corretas e por quê?

Peça aos alunos que pesquisem os signos chineses. Procurem pelos anos lunares (lunar years) e as características de cada animal.

Procure uma personalidade famosa de cada signo. Compare as características descritas com as da pessoa famosa escolhida. Apresente os resultados para a classe.

- **<www.psychicguild.com/horoscopes_explained.php>**
- **<www.astrology-online.com/persn.htm>**
- **<www.chinesezodiac.com>**
- **<http://chinese.astrology.com/sign.aspx>**

■ ATIVIDADE 4

Countries in the World

Quais são os países oficialmente falantes de língua inglesa?
Escolha dois países e compare semelhanças culturais.

- **<http://the_english_dept.tripod.com/esc.html>**
- **<www.ego4u.com/en/read-on/countries>**

■ ATIVIDADE 5

Postcards all over the world

- **<http://postcrossing.com>**

O PROJETO

O objetivo desse projeto na Internet é fazer com que as pessoas que participam recebam postais do mundo todo apenas pelo custo da postagem. Se você enviar um postal, receberá um postal. As pessoas que participam são chamadas de *postcrosser*. Essa é uma oportunidade real de interação pela Internet e pelo correio.

O autor desse projeto, Paulo Magalhães, que reside na China, como muitas pessoas pelo mundo, gosta de receber cartas reais. Receber postais de lugares que você nem conhece torna a atividade uma caixa de surpresas e ótima prática do idioma.

COMO FUNCIONA

1 Registro e solicitação no website;
2 Enviar um cartão-postal para o endereço encaminhado;
3 Esperar a chegada de um postal;
4 Registrá-lo no sistema.

Visite o site e divirta-se com seus alunos.

ATIVIDADE 6

Personality Quiz

<www.colorquiz.com>

O ColorQuiz é um teste rápido, de personalidade, baseado em pesquisas sobre cores realizadas por psicólogos de diversos lugares no mundo. Trata-se de um teste bem simples, você só precisa escolher cores. Ao término ele apresenta os resultados on-line. Os psicólogos alegam que as cores causam respostas emocionais e, por essas características, através delas pode-se identificar perfis, como as pessoas se sentem etc.

Vale a pena fazer com os alunos tanto pelo vocabulário e validade desse tipo de teste, quanto para discutir as opiniões deles sobre o assunto.

ATIVIDADE 7

O mundo dos seriados de TV americanos

No site **<www.tv-dome.net>**, você pode acessar diversos capítulos das séries americanas dos canais de TV a cabo. É possível até baixá-los para usar em suas aulas se desejar. O site é atualizado diariamente. Os seriados costumam ser postados no dia em que vão ao ar nos Estados Unidos. Há filmes também, lista dos recomendados e feed com as últimas notícias sobre os shows.

ATIVIDADE 8

Recursos de listening

Nesse site você encontrará recursos variados para usar em suas aulas de compreensão oral: **<http://academics.smcvt.edu/cbauer-ramazani/Links/esl_listening.htm>**

Veja o que pode utilizar:

Listening Resources for ESL – audio/video News History Learning English – AUDIO Learning English – VIDEO	Movies Sound clips (to movies, lyrics/ songs)	Podcasts for ESL	Sound Stories
		Text-to-speech Programs	Audio Recording Tools

Outras opções interessantes:

VOICE OF AMERICA

- **<www.voanews.com/specialenglish>**

As frases são simples, sem expressões idiomáticas, com informações diárias em um ritmo um pouco mais lento. O vocabulário usado gira em torno de 1.500 palavras.

ONESTOPENGLISH.COM

- **<www.onestopenglish.com/News/Magazine/News/news.htm>**

As aulas são gratuitas e divididas em três níveis. As atividades incluem vocabulário, conversação, gramática e leitura. Artigos novos são postados seguindo o padrão de qualidade do jornal *The Guardian*, da Inglaterra.

SOTAQUES

Nesses diversos sites você pode verificar pronúncia e sotaques do inglês falado em diversos países:

- Inglês dos Estados Unidos: <www.manythings.org/pp>
- Inglês da Austrália: <www.flinders.edu.au/SLC/pronunciation_sites.html>
- Inglês do Canadá: <http://international.ouc.bc.ca/pronunciation>
- Inglês da Nova Zelândia: <www.ualberta.ca/~johnnewm/NZEnglish/sounds.html>
- Inglês da Inglaterra: <www.learnenglish.de/pronunciation/pronunpage.htm>
- Inglês Sul-africano: <www.702.co.za>

ESTAÇÕES DE RÁDIO EM DIVERSOS PAÍSES:

- Voice of America: <www.voanews.com/specialenglish>
- Australian Broadcasting Company: <www.abc.net.au>
- Radio Canada International: <www.rcinet.ca/rci/en>
- Radio New Zealand: <www.radionz.co.nz>
- Radio Telefon Eire (Ireland): <www.rte.ie>
- British Broadcasting Corporation: <www.bbc.co.uk/worldservice/learningenglish/radio/index.shtml>

3
Atividades de produção escrita

"Eu penso na educação ao contrário. Não começo com os saberes. Começo com a criança. Não julgo as crianças em função dos saberes. Julgo os saberes em função das crianças. É isso que distingue um educador. Os educadores olham primeiro para o aluno e depois para as disciplinas a serem ensinadas. Educadores não estão a serviço dos saberes. Estão a serviço dos seres humanos – crianças, adultos, velhos." **Rubem Alves**

VOLTADOS PARA SI MESMOS, os alunos sentem-se motivados quando percebem que o professor está realmente interessado neles. Aproveite esses momentos para perguntar como se sentem em relação a assuntos relevantes, o que pensam. A produção oral ou escrita precisa de bastante estímulo para ser desenvolvida. O adolescente só realiza melhor as tarefas quando se sente conectado ao assunto, à você.

Na maioria das vezes, pressupomos que os alunos já dominam a estrutura de redação em seus diferentes gêneros textuais. A dificuldade de expressão é notória em diversos segmentos, principalmente na argumentação elaborada pelos alunos em geral.

Sugiro a orientação sempre detalhada do que se espera da produção escrita e quais os critérios de avaliação adotados em cada trabalho. Retomar detalhes de como produzir os textos será sempre uma boa orientação para seus alunos.

É fundamental que os alunos tenham acesso ao professor para solucionar suas dúvidas. O que for escrito pelos alunos merece ser lido e/ou ouvido. Há várias formas de se fazer isto:

a) Montar um mural na classe;
b) Juntar trabalhos em formatos de livros (e eventualmente sorteá-los);
c) Pedir aos alunos que troquem os trabalhos para leitura silenciosa entre eles;
d) Realizar leituras orais feitas pelo próprio estudante ou por colegas.

Para se corrigir os trabalhos há, também, técnicas diferenciadas: o aluno corrige sua própria redação; cria-se um código de correção; os alunos trocam trabalhos para correção; o professor corrige normalmente e faz um apanhado de erros para que a classe corrija junta etc. O importante é trabalhar com a variedade para tornar suas aulas mais interessantes.

ATIVIDADE 1

Group Diary

IDADE: A partir de 12 anos.
DURAÇÃO: Um bimestre ou trimestre.
OBJETIVO: Aplicar conhecimentos já adquiridos e outros itens linguísticos que estão sendo trabalhados de forma interativa entre os alunos.
MATERIAL: Um caderno de 50 ou 100 folhas, de qualquer tamanho.

PROCEDIMENTO: No cabeçalho de cada página (conforme o número de alunos você terá que pular páginas e/ou usar um caderno com mais páginas), você escreverá uma pergunta que será respondida por todos os alunos da turma. Cada aluno levará o caderno para casa e responderá as perguntas em um prazo determinado por você (uma aula, duas etc.). Ao trazer o caderno de volta você deve ler rapidamente as respostas, sem o intuito de correção, apenas para se certificar que o conteúdo está adequado e então passará o caderno para outro aluno. A cada três alunos você deve recolher o caderno e fazer correções linguísticas para que o modelo dos colegas não fique errôneo.

Você pode utilizar perguntas do tipo que quiser, desde coisas simples até construções mais complexas para alunos com maior desenvoltura no idioma.

Exemplos de perguntas:

What's your favorite color/ food/ subject/ toy/ month/ drink/ TV channel/ song/ animal/ subject/ sites?
What do you do in your free time/ over the weekend/ on Sunday mornings/ in the evening?
What's your best friend's favorite band?
Tell me a lie about you.
How often do you get angry/ fight with your parents/ go shopping?
Which foreign country would you like to visit and why?
What is your favorite book and why?
Where do you like to study?
What kind of music do you listen to?
How many songs do you download per month?
Recommend a cool site etc.

ATIVIDADE 2

Personal Crossword Puzzle

IDADE: A partir de 12 anos.

DURAÇÃO: 20 minutos para elaboração, 20 minutos para resolução.

OBJETIVO: Praticar o vocabulário específico de uma unidade de seu material didático ou de um determinado assunto que esteja trabalhando.

MATERIAL: Computadores, acesso à Internet, impressora e papel.

PROCEDIMENTO: Os alunos podem trabalhar individualmente, em duplas ou trios, conforme a disponibilidade de equipamento. Oriente-os a acessarem o site: <www.puzzle-maker.com/CW> e peça que digitem as palavras que desejam colocar nas palavras cruzadas. Estabeleça com seu grupo o número de palavras que será inserido e as dicas para as palavras. Determine o título, número de colunas e linhas. Em seguida clique em "create puzzle". Você pode fazer download, imprimir ou visualizar na tela. Após imprimir as criações dos alunos, troque-as entre eles para efetivamente realizarem a atividade.
Outra fonte para elaboração do mesmo tipo de tarefa: <www.armored-penguin.com/wordsearch>.

ATIVIDADE 3
Personal Wordsearch

IDADE: A partir de 12 anos.

DURAÇÃO: 20 minutos para elaboração, 20 minutos para resolução.

OBJETIVO: Praticar o vocabulário específico de uma unidade de seu material didático ou de um determinado assunto que esteja trabalhando.

MATERIAL: Computadores, acesso à Internet, impressora e papel.

PROCEDIMENTO: Assim como no exemplo anterior, você pode organizar os alunos individualmente, em duplas ou trios, conforme a disponibilidade de equipamento. Oriente-os a acessarem o site: <www.puzzle-maker.com> e peça que digitem as palavras que desejam colocar no caça-palavras. Estabeleça com seu grupo o número de palavras que será inserido. Determine o número de colunas e linhas. Em seguida clique em "create puzzle". Você pode fazer download, imprimir ou visualizar na tela. Após imprimir as criações dos alunos, troque-as entre eles para realizarem a atividade.

ATIVIDADE 4

Questions and Answers Notebook

IDADE: A partir de 11 anos.

DURAÇÃO: Determinada pelo professor. Pode ser interativo, em um trimestre, por exemplo.

OBJETIVO: Estimular o uso da linguagem escrita informal e despertar a curiosidade da leitura de informações pertinentes a outros alunos da sala.

MATERIAL: Um caderno de mais ou menos cem folhas, de qualquer tamanho.

PROCEDIMENTO: Numere todas as páginas do caderno. Em cada página do caderno o professor fará uma pergunta de conhecimento linguístico compatível com o nível da turma e de interesse comum. As respostas serão dadas por um aluno de cada vez, que utilizará sempre o mesmo número para se identificar. O aluno poderá levar o caderno para casa e ficar com ele por uma semana, ou devolvê-lo na aula seguinte, como o professor achar mais adequado. Não será feita a correção dos desvios de linguagem. Escreva orientações que achar necessárias na contracapa do caderno, como: If necessary, use a dictionary. Return the notebook after xx classes. Don't write in Portuguese. Faça, no máximo, 30 perguntas, para que a realização da tarefa seja prazerosa.

Exemplos de perguntas:

What's your favorite place in your house?
Who's your favorite band/ singer?
Name one thing you don't like.
What kind of sports do you like?
Can you speak other languages?
What's your favorite subject/ color/ food/ song?
What day is it today?
When is your birthday?

What's your sign?
Describe yourself.
What would you like to study in college?
Name a special dream for the future.
What do you do when you're sad?
Where did you go in your best trip?

ATIVIDADE 5

Comics

IDADE: A partir de 11 anos.

DURAÇÃO: Entre uma e três aulas, de acordo com a proposta escolhida.

OBJETIVO: Desenvolver a escrita através de diferentes gêneros textuais de forma prazerosa e motivadora.

MATERIAL: Você pode utilizar cópias de qualquer revista de histórias em quadrinhos, deixar os quadrinhos em branco para que os alunos completem de acordo com o tema escolhido ou pode utilizar recursos de Internet.

PROCEDIMENTO: O assunto pode ser explorado através de personagens, definição de tempo, espaço, relações de causa e efeito, sequências, além de aspectos visuais que também expressam a linguagem. Você pode solicitar diferentes tarefas, como:

- criar diálogos a partir de ilustrações já prontas;
- criar uma HQ a partir de um capítulo de paradidático ou história de seu livro didático;
- criar ilustrações a partir de diálogos;
- criar HQ interdisciplinar, em projeto com outra matéria;
- um grupo inicia uma história e outro a termina.

DICAS PARA OS ALUNOS:

a) Nas histórias em quadrinhos, o tempo e o lugar costumam ser indicados pelas próprias imagens e não necessariamente pelo texto.

b) O tipo de letra mais comum é o de forma, com aparência de ter sido desenhada à mão e na maioria das vezes maiúscula. Para enfatizar um sentimento ou fala utiliza-se negrito.

No site **<http://pixton.com/br>** seus alunos podem desenvolver suas próprias histórias em quadrinhos, com ou sem desenhos, a partir de um tema específico ou com tema livre. O aluno precisa apenas se cadastrar.

No site da turma da Mônica há a opção de conhecer um software utilizado para fazer suas próprias histórias: **<www.monica.com.br>**. Procure o item download.

ATIVIDADE 6

Writing based on Harry Potter

IDADE: A partir de 12 anos.

DURAÇÃO: Uma a duas aulas.

OBJETIVO: Desenvolver redações baseadas em leitura prévia ou nos filmes da série Harry Potter. Os princípios básicos de introdução, desenvolvimento e conclusão de cada parágrafo podem ser abordados para que os alunos expliquem suas respostas às perguntas relativas ao assunto.

MATERIAL: Caderno, lápis, borracha.

PROCEDIMENTO: Após trabalhar com o filme ou trechos extraídos dos livros, discutir sobre a magia de Harry Potter com os alunos, proponha a escolha de uma ou mais situações das selecionadas abaixo para escreverem a respeito. Peça um rascunho como primeira versão e dê a oportunidade de reescreverem o texto após sua correção. Compartilhe os resultados com a classe.

SITUAÇÃO 1

It's your turn to be sorted by the Sorting Hat. It's considering placing you in Slytherin. Are you happy with that placement or would you like to belong to a different house?

SITUAÇÃO 2

Harry has Hegwig the owl, Ron has Scabbers the rat, and Hagrid loves dragons. There are also unicorns, centaurs etc. running around Hogwarts and the Dark Forest. What's your favorite magical creature from *Harry Potter and the Sorcerer's Stone*?

SITUAÇÃO 3

Hermione is a whiz with spells before she even arrives at Hogwarts. What is your favorite spell? Why?

SITUAÇÃO 4

There are a few rules that are to be followed at Hogwarts. Certain places are off limits, and you can't go into the rooms of the other Hogwarts Houses. When would you think it was justified to break one of the rules, and why?

SITUAÇÃO 5

Someone has sent you a special gift by Owl Mail. Harry Potter just got a Nimbus 2000 from Professor Dumbledore. What did you find when you unwrapped your gift, and who sent it to you?

ATIVIDADE 7

Essay Writing

IDADE: A partir de 13 anos.

DURAÇÃO: Duas ou três aulas.

OBJETIVO: Desenvolver técnicas de pesquisa integradas com o uso da escrita como produto final.

MATERIAL: Internet, perguntas que podem ser entregues em folha extra ou ser enviadas por e-mail ou anotadas no caderno.

PROCEDIMENTO: Os alunos recebem ou anotam um roteiro para a pesquisa e execução da tarefa.

Conecte-se à Internet e digite: <www.google.com>. No espaço em branco para pesquisa digite Guide to Essay Writing.

Agora entre no site escolhido e peça aos alunos para responderem as perguntas abaixo:

1 Who's the page author?
2 When was the page updated?
3 What is the URL or address of the page?
4 Name the steps for essay writing.
5 What are the parts of the essay body?
6 What are the steps for finishing the essay?
7 If you could choose one essay topic to research, what would you select?
8 Name one reason you would write an essay.

Depois de realizada a pesquisa, levante temas de interesse e peça aos alunos para utilizarem as orientações do site para escreverem. Se puder, publique os trabalhos em um blog ou imprima para que os alunos possam ter acesso a todos os textos.

ATIVIDADE 8

What else can you find out...

IDADE: A partir de 13 anos.

DURAÇÃO: 15 minutos para a primeira parte (redação) e 20 minutos para a segunda parte (questionário) em aula.

OBJETIVO: Desenvolver atividade de produção escrita a partir de integração de habilidades e trabalhando com vocabulário direcionado.

MATERIAL: Caderno de aluno ou folha avulsa para a redação e cópia do questionário elaborado posteriormente.

PROCEDIMENTO: Primeiro, peça a seus alunos que escrevam uma pequena redação sobre si mesmos, descrevendo família, hobbies, habilidades, talentos, aparência etc. Essa atividade pode ser realizada em aula (primeira parte) ou como lição de casa. Ao receber essas redações, prepare perguntas sobre as habilidades e talentos usando as informações das redações. Você pode incluir perguntas que remetam a todos os alunos. Entregue uma cópia do questionário para cada aluno e peça que tentem descobrir quem são as pessoas e escrevam seus nomes junto às perguntas. Na sequência compartilhe os resultados e veja quem acertou em suas escolhas.

Exemplos para o questionário:

This person can use the computer very well.
Ask this friend if you have a doubt in Math.
If you need help with another language, contact this student.
You can count on this classmate to pick up something on the top of a shelf.

ATIVIDADE 9

Mind Map

IDADE: A partir de 10 anos.

DURAÇÃO: 30 minutos em média.

OBJETIVO: Desenvolver atividade de produção escrita a partir de integração de habilidades. Trabalhar com vocabulário descritivo por meio de brainstorm.

MATERIAL: Quadro, papel e caneta.

PROCEDIMENTO: Antes de realizar uma atividade de escrita, uma forma interessante de levantar o vocabulário é através de *brainstorm*. Peça aos alunos que preencham o mapa abaixo. Eles podem trabalhar em duplas, trios, utilizar dicionários etc. Você pode abrir espaço para vários vocábulos, de acordo com a quantidade que deseja abordar. Depois peça que façam a descrição de seu lugar favorito em casa ou descrevam sua casa, ou a casa que gostariam de ter etc.

Exemplo:

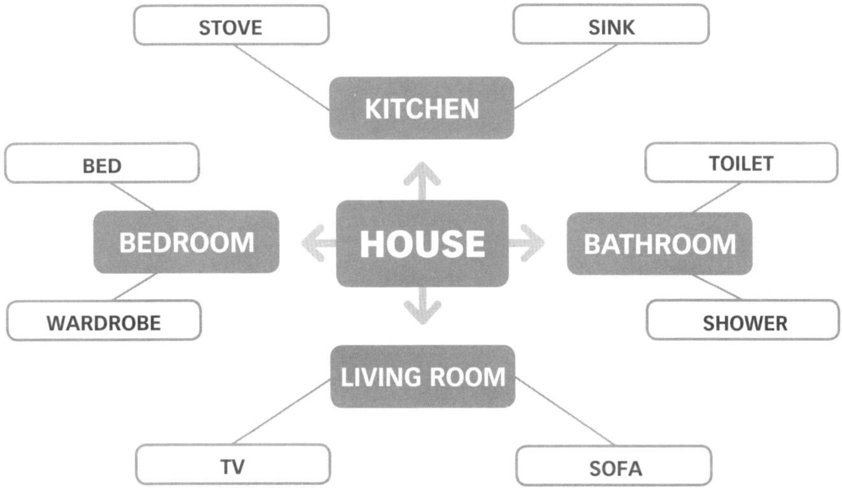

ATIVIDADE 10

My Diary

IDADE: A partir de 10 anos ou do ano em que os alunos trabalharem com o tempo verbal passado.

DURAÇÃO: Um mês em sua totalidade.

OBJETIVO: Desenvolver habilidade de escrita proveniente de contato com a leitura, praticando o tempo verbal passado.

MATERIAL: Uma tabela feita no caderno ou em uma planilha à parte.

PROCEDIMENTO: Os alunos começam a registrar semanalmente aquilo que leram sobre qualquer assunto, preenchendo uma tabela. É importante estar estudando ou ter estudado o passado simples. Os alunos podem utilizar alguns minutos no final de uma das aulas da semana para registro ou podem fazê-lo como tarefa de casa.

Date	What I read	I read it because...	In my opinion it was...

ATIVIDADE 11

Memory

IDADE: A partir de 12 anos.

DURAÇÃO: Uma aula.

OBJETIVO: Desenvolver frases significativas no passado criando um livro virtual.

MATERIAL: Disponibilidade de computador e conhecimento de uso de PowerPoint.

PROCEDIMENTO: A atividade pode ser feita individualmente ou em duplas, conforme a disponibilidade de equipamento. Se você não tiver acesso a computadores, faça a atividade em folhas de sulfite ou até no próprio caderno. Os alunos escolhem fotos, gravuras de revistas, desenhos que representem suas ideias e montam a apresentação em PowerPoint ou em outro formato para apresentarem à classe toda.

Sugestão de frases:
In my first year of life...
In my first day at school my teacher...
In the first week of this term...
This year my teacher gave me...
When I first rode a bike...
My first swimming class/ When I first went to the swimming pool...

ATIVIDADE 12

Welcome Letter

IDADE: A partir de 11 anos.

DURAÇÃO: Uma aula.

OBJETIVO: Produzir uma carta para os próximos alunos que vierem para essa série no ano seguinte.

MATERIAL: Papel e caneta. Pode ser produzido no computador alternativamente.

PROCEDIMENTO: Essa atividade deve ser feita no final do ano letivo. Divida os alunos em pequenos grupos. Os alunos devem elaborar uma carta aos futuros alunos de sua série, explicando o que devem esperar, contando coisas interessantes que vivenciaram, aulas que mais gostaram, as que menos gostaram, projetos interessantes que realizaram, passeios, competições etc. O assunto não deve ficar apenas em torno de inglês. O ideal é que utilizem o idioma como ferramenta. Aproveite para pedir que aconselhem os colegas em relação às aulas de inglês também, sugerindo ideias de como aprender mais, por exemplo. Esse material deve ser encaminhado aos alunos no ano seguinte, no início de suas aulas.

ATIVIDADE 13

Music and Creativity

IDADE: A partir de 11 anos.

DURAÇÃO: Dez minutos.

OBJETIVO: Desenvolver atividade de escrita livre em criação coletiva.

MATERIAL: Uma folha com a frase que dará início à história, CD(s) com diversas músicas apenas tocadas, ou mp3 com as gravações ou computador para baixar os links das músicas.

PROCEDIMENTO: Selecione seis tipos diferentes de música, por exemplo: new age, tango, samba, clássica, rock, balada. Essa atividade pode ser realizada separando os alunos em grupos ou fileiras. Entregue-lhes uma folha com uma frase (a mesma para todos) e peça que deem continuidade à história enquanto você toca os diferentes estilos musicais. Ao término, leia com os alunos as criações coletivas.

Sugestão de frases:

Once upon a time there was a boy/ girl...
She was just sitting down close to the woods...
He was trying to remember...

ATIVIDADE 14

Archeology and Megalithic Stones

IDADE: A partir de 13 anos.

DURAÇÃO: Uma aula.

OBJETIVO: Desenvolver atividade de escrita coletiva dirigida baseada em pesquisa.

MATERIAL: Computador para realizarem as pesquisas nos sites indicados, papel e caneta.

PROCEDIMENTO: Comece explorando a palavra archeology e suas características. Sugerimos <http://en.wikipedia.org/wiki/Archeology> para realizar a primeira pesquisa. Levante as diferentes descobertas de arqueologia e direcione para as pedras megalíticas. Como referências: <www.stonepages.com>; <http://en.wikipedia.org/wiki/Megalith>; <www.megalithicireland.com>. Divida os alunos em pequenos grupos.

A proposta é imaginar que eles são arqueologistas do futuro, digamos daqui a 500 anos. Eles encontrariam pedras megalíticas com inscrições e seis palavras escritas nelas. Cada aluno deve escrever as palavras que imagina e não pode mostrá-las ao grupo nessa fase. Então, peça que escrevam uma redação ou descrição utilizando as palavras levantadas pelo grupo. Os grupos terão 20 minutos para realizar a atividade. Peça que leiam para a classe o resultado final.

ATIVIDADE 15

Future Trends

IDADE: A partir de 14 anos.

DURAÇÃO: 20 a 30 minutos.

OBJETIVO: Desenvolver habilidade de escrita através de tema dirigido.

MATERIAL: Nenhum específico.

PROCEDIMENTO: Divida os alunos em pequenos grupos ou solicite individualmente se preferir. Os alunos fazem uma previsão para tendências em cinco, dez, 25, 50 e cem anos adiante. Eles devem escrever sobre produtos que serão consumidos, que características teriam, como seriam comercializados, como seria o sistema monetário etc.

ATIVIDADE 16

Guided Story

IDADE: A partir de dez anos.

DURAÇÃO: 30 a 45 minutos.

OBJETIVO: Desenvolver a habilidade de escrita a partir de um contexto e direcionamento.

MATERIAL: Caderno.

PROCEDIMENTO: Comece ditando o início de uma frase e peça para os alunos completarem e assim sucessivamente. Ao terminar os alunos leem em grupos pequenos as histórias elaboradas e escolhem a melhor para apresentar à sala toda.

ATIVIDADE 17

Who wrote it?

IDADE: A partir de dez anos.

DURAÇÃO: Dez minutos.

OBJETIVO: Aproveitar atividade escrita para integração de habilidades – compreensão oral – e interatividade.

MATERIAL: Qualquer redação feita pelos alunos.

PROCEDIMENTO: Pode ser realizada com qualquer redação, sobre qualquer tema. Você lê os textos ou trechos dos textos para que a classe descubra os autores.

ATIVIDADE 18

Completing the Dialog

IDADE: A partir de dez anos.

DURAÇÃO: 15 minutos.

OBJETIVO: Desenvolver habilidade de escrita integrada à pronúncia e leitura.

MATERIAL: Folha extra com o layout do diálogo já elaborado.

PROCEDIMENTO: Você prepara diálogos pela metade para serem completados e interpretados pela classe.

ATIVIDADE 19

Creating a New Song

IDADE: A partir de dez anos.

DURAÇÃO: 30 minutos.

OBJETIVO: Desenvolver habilidade de escrita a partir de uma música.

MATERIAL: Folha extra com a letra da música.

PROCEDIMENTO: Escolha uma música de acordo com o nível linguístico de seus alunos. Use-a como modelo e deixe que os alunos percebam a estrutura rítmica dela. Peça que alterem, removam versos ou criem uma nova versão.

ATIVIDADE 20

Extra Words

IDADE: A partir de dez anos.

DURAÇÃO: 30 minutos.

OBJETIVO: Ampliar o vocabulário de acordo com o tema.

MATERIAL: Um texto escolhido por você.

PROCEDIMENTO: Escolha um texto. Pode até ser do próprio material didático se desejar. Elicite dos alunos uma lista de palavras relacionadas ao tema do texto através de brainstorming. Em seguida, peça-lhes que, em duplas, acrescentem palavras ao texto original. Leia os textos alterados com os alunos.

ATIVIDADE 21

Dictionary Now

IDADE: A partir de 11 anos.

DURAÇÃO: 30 minutos.

OBJETIVO: Ampliar o vocabulário de acordo com o tema.

MATERIAL: Um texto que contenha definições.

PROCEDIMENTO: Após escolher o texto, utilize o dicionário em sala, com seus alunos, pedindo que façam paráfrases e reescrevam algumas definições de forma mais simplificada.

ATIVIDADE 22

Guess What

IDADE: A partir de dez anos.

DURAÇÃO: 30 minutos.

OBJETIVO: Ampliar o vocabulário de acordo com o tema e integrar habilidades de escrita, oralidade e compreensão oral.

MATERIAL: Nenhum específico.

PROCEDIMENTO: Os alunos precisam identificar um objeto, pessoa, lugar, entre outros, baseados no texto escrito por um colega. Oriente-os a escrever sobre um desses itens. Essa atividade pode ser feita em pares, que podem ler seus registros para os colegas.

ATIVIDADE 23

Temas para redações

IDADE: A partir de dez anos.

DURAÇÃO: A definir.

OBJETIVO: Desenvolver habilidades gerais de escrita.

MATERIAL: Leituras extras podem ser trazidas de acordo com os temas escolhidos.

PROCEDIMENTO: Pode variar conforme os temas.

Quando pensamos em uma boa redação, não existem fórmulas mágicas ou técnicas especiais. É preciso lembrar o aluno de seguir algumas regras essenciais, lembrar dos pontos estruturais (começo, meio e fim) e fazer o trabalho de distribuição das ideias de maneira correta em cada período do texto.

Em grupos grandes toda e qualquer redação é extremamente valiosa. Todos se interessam quando há mudança de foco, por exemplo.

DISSERTAÇÃO

A dissertação (*argumentation*) caracteriza-se pela defesa de uma ideia, ponto de vista ou questionamento, para abordar um determinado assunto. Em geral, esse tipo de produção textual costuma distribuir o seu conteúdo da seguinte maneira:

- Introdução – ponto em que se apresentam as ideias que serão defendidas ao longo do texto.
- Desenvolvimento – momento em que se desenvolvem as ideias anteriormente apresentadas, de modo a convencer o leitor por intermédio de argumentos sólidos e dados concretos.
- Conclusão –a parte em que se elabora um desfecho coerente do desenvolvimento com base nos argumentos apresentados.

Nesse tipo de construção, é permitido ao autor acrescentar julgamentos ou opiniões para defender sua ideia, desde que se transmitam credibilidade e consistência, sem abandonar o formato de discurso persuasivo.

Veja algumas possibilidades de temas:

1 Would you like to drink from the fountain of youth? Why or why not?
2 In your opinion, what human rights should be respected in any country? Give specific examples of how these rights can be upheld and how they are being disregarded.
3 Write a persuasive essay about the advantages and disadvantages of certain diets.
4 Do you think teenagers should be allowed to travel with friends without adult supervision? Why or why not?
5 Compare life in your country when you were growing up with life in the present. Focus especially on technological advances and environmental changes.
6 Ways in which troubled kids can be helped.
7 Why I think friendships are important.
8 I like... and these are the reasons why.
9 Reasons why people lie.
10 The meaning of freedom.
11 Organ donation.

DESCRIÇÃO

O termo descrever significa representar, por meio de palavras, as características de um objeto, uma ideia ou um sentimento. Um texto descritivo tem como objetivo transmitir informações sobre seu foco principal, de modo que o leitor crie na sua mente uma imagem do objeto, pessoa, sentimento ou ser descrito.

Os pontos de vista existentes em uma descrição podem ser exibidos de duas maneiras: objetiva ou subjetiva. A forma objetiva é aquela que apresenta um objeto e indica suas características principais de maneira precisa, cuidando para que as palavras não permitam mais de uma interpretação. Já a forma subjetiva acontece quando se trabalha com a linguagem para selecionar palavras ricas de sentido e o emprego de construções livres que permitem mais de uma interpretação do leitor.

Seguem, abaixo, algumas sugestões de temas:

1 Describe a successful person you currently know. Explain what he or she is presently doing and how she or he managed to achieve success.

2 Describe the attitude in your country toward aging. What aspects of lifestyle, opportunities, and services for the elderly reflect this attitude?

3 A turning point is an event in your life that seriously changed the direction of your life. A new career, a marriage, a baby, a divorce, a death, these are events that often change life dramatically. Write a composition in which you describe such an event that you have experienced. Explain why it was so meaningful and important to you.

4 Write a composition describing the general health and fitness of people in your country. Include information about diet, exercise, illness, and attitudes about health.

5 Describe the stages of your life: childhood and adolescence. How do imagine adulthood will be?

6 The biggest mess that I ever got myself into.
7 When I turn 17…
8 When I take a long look in the mirror this is what I see.
9 The happiest moment in my life…
10 Something to do with a boring Summer.

NARRAÇÃO

Caracteriza-se principalmente pela representação de fatos reais ou fictícios, envolvendo personagens e fatos que ocorrem num determinado tempo e espaço. A narração de fatos reais é muito comum em livros científicos, jornais, livros de História etc. A narração de fatos fictícios não tem compromisso com a realidade e possibilita a criação de acontecimentos de acordo com a imaginação de quem relata. Todo texto narrativo existe na medida em que há uma ação praticada por personagens e conta com dois elementos principais: tempo e lugar.

O narrador pode estar ou não embutido dentro dos acontecimentos e sofrer ações e intromissões de outros personagens de acordo com o contexto em que se passa a história.

Seguem algumas sugestões de temas:

1 Write a story about a mother getting dinner ready, when her son/ daughter arrives home with two or three hungry friends. Narrate the possible conversation.
2 Narrate a robbery. In the story, you can write either about a main character who comes home and suspects something is wrong as he/ she approaches the house or about some thieves who have what they think is a perfect plan to rob a bank or a country house.
3 The theme for this narrative is blackmailing. A story about a person who has a guilty secret. Someone who has discovered it tries to get money from him/ her in return for keeping the secret.

4 An old relative of yours (e.g. grandfather, grandmother) likes to tell stories about his/ her youth. Give an account of an occasion when he/ she told you a story like this.
5 Ideas for a teen blog. Two friends decide to put a blog together. Narrate the arrangements.
6 Outline a travel narrative.
7 My father, my friend.
8 A rainy afternoon.
9 The beach on a rainy day.
10 If I were...

ATIVIDADE 24

Emotions

IDADE: A partir de dez anos.

DURAÇÃO: 20 minutos.

OBJETIVO: Ampliar o vocabulário de acordo com o tema.

MATERIAL: Acesso ao desenho abaixo como ponto de partida para a atividade escrita.

PROCEDIMENTO: Você pode desenhar algumas das carinhas abaixo, ou reproduzi-las em transparências ou escaneá-las para o computador, por exemplo. A partir desse vocabulário, peça aos alunos que escrevam frases ou uma história em grupo permeando as emoções apresentadas.

Anxious
Apathetic
Ashamed
Blissful
Confident
Confused
Depressed
Determined
Disappointed
Disbelieving
Enraged
Enthusiastic
Exasperated
Exhausted
Frightened
Frustrated
Grateful
Grieving
Hopeful
Hurt
Indifferent
Insecure
Inspired
Jealous
Lonely
Meditative
Miserable
Negative
Obstinate
Optimistic
Passive
Puzzled
Regretful
Relieved
Resentful
Sad
Shocked
Sick
Sympathetic
Threatened
Triumphant
Withdrawn
Pained
Helpless
Angry
Joyful
Creative
Satisfied
Envious

ATIVIDADE 25

Stimuli

IDADE: A partir de 13 anos.

DURAÇÃO: Uma aula.

OBJETIVO: Escrever uma redação a partir de aquecimento dirigido pela professora.

MATERIAL: Papel e caneta.

PROCEDIMENTO: Essa atividade ajuda a desenvolver a criatividade e associação de palavras para facilitar a escrita criativa. Peça para seus alunos escreverem todas as palavras ou frases que passarem em suas mentes à medida que você for guiando seus pensamentos. De acordo com o tema que pretende desenvolver, solicite que escrevam:

- palavras gordas – ex.: *fat, grease, bread, pasta, yellow, oil, fat people* etc.
- palavras perfumadas – ex.: *perfume, flowers, blue, purple, sweet, pine, soap, shower, love* etc.
- outras possibilidades: palavras magras, feias, bonitas, grandes, pesadas, longas, quentes, frias, molhadas etc.

Procure explorar sensações que possam trazer vocabulário para uso posterior.

Não espere muito tempo entre uma definição e outra. Você pode utilizar 20 minutos para essa sensibilização. Em seguida, peça aos alunos que escrevam sobre o tema que você escolheu, utilizando número x de palavras ou frases dessa atividade.

ATIVIDADE 26

I am you...

IDADE: A partir de dez anos.

DURAÇÃO: 15 minutos.

OBJETIVO: Completar frases para prática de vocabulário.

MATERIAL: Papel e caneta.

PROCEDIMENTO: Escreva no quadro ou entregue aos alunos as frases já digitadas. Divida-os em duplas. Cada aluno deve escrever sobre seu par sem fazer perguntas. Ele deve imaginar como o colega responderia. Deixe que confiram os resultados entre eles. Escolha alguns para lerem suas respostas para o grupo todo.

I like (the color) ________________ because____________________

____.

My favorite day of the week is _______________ because ________

____.

I'm afraid of ____

____.

I like people who ____

____.

I like teachers who ____

____.

I don't like _____________________________________ very much.

ATIVIDADE 27

... is...

IDADE: A partir de dez anos.

DURAÇÃO: 15 minutos.

OBJETIVO: Desenvolver ideias próprias sobre assuntos diversos através do uso do verbo *to be*.

MATERIAL: Caderno.

PROCEDIMENTO: Escreva o início das frases no quadro e peça que os alunos as completem.

Sugestão:

Love is...

War is...

Whaling is...

Waiting is...

A rainbow is...

Traffic is...

Chocolate is...

A rainy afternoon is...

You are...

My love is...

School is...

ATIVIDADE 28

.... is a person who...

IDADE: A partir de 13 anos.

DURAÇÃO: 15 minutos.

OBJETIVO: Desenvolver a escrita expressando seus pensamentos com a estrutura solicitada e integrar a prática à habilidade de conversação.

MATERIAL: Caderno.

PROCEDIMENTO: Os alunos devem completar a frase "..." *is a person who... utilizando and* ou but *I'm a person who...* Divida-os em duplas e peça que comparem suas ideias. Não dê a frase toda no início da atividade. Após completarem a primeira parte, peça a segunda. Deixe que circulem pela classe procurando frases similares às suas.

ATIVIDADE 29

I know that...

IDADE: A partir de 12 anos.

DURAÇÃO: De 15 a 30 minutos, se envolver pesquisa.

OBJETIVO: Desenvolver frases sobre conhecimentos gerais a partir de uma estrutura específica.

MATERIAL: Caderno. Eventualmente material impresso para pesquisa ou acesso à Internet.

PROCEDIMENTO: Os alunos escrevem cinco frases sobre um país famoso ou seu líder político utilizando a estrutura *I know that...* Se for necessário proporcione oportunidade de pesquisa em livros ou na Internet.

Exemplos

I know that in Cuba...
I know that in Cuba people...
I know that in Cuba they...
I know that in Cuba there is...
I know that in Cuba the weather...
I know that in Cuba cigars are...

ATIVIDADE 30

My Letter

IDADE: A partir de 12 anos.

DURAÇÃO: De 15 a 30 minutos.

OBJETIVO: Escrever uma carta sobre acontecimentos no país.

MATERIAL: Caderno.

PROCEDIMENTO: Os alunos escrevem uma carta para um aluno imaginário de outro país falando sobre acontecimentos do Brasil.

ATIVIDADE 31

E-mail the newspaper

IDADE: A partir de 12 anos.

DURAÇÃO: De 15 a 30 minutos.

OBJETIVO: Escrever uma carta sobre acontecimentos no país.

MATERIAL: Acesso à Internet.

PROCEDIMENTO: Nesse site, <www.newsoftheworld.co.uk>, ou outro qualquer sobre notícias internacionais há contato com o jornalista ou com o próprio jornal. Ajude seus alunos a elaborarem comentários sobre a notícia e postarem na Internet.

ATIVIDADE 32

One Month

IDADE: A partir de 13 anos.

DURAÇÃO: De 20 a 30 minutos.

OBJETIVO: Escrever uma carta no passado sobre a convivência com determinado personagem.

MATERIAL: Um texto, caderno.

PROCEDIMENTO: A partir do personagem de um texto, um artigo de jornal, revista ou Internet, o aluno imagina que conviveu com este por um mês. Ele relata como foi esse mês de convivência, o que fizeram onde foram, boas e más experiências, coisas engraçadas, brigas etc.

4
Atividades de Produção Oral

"The first step in the acquisition of wisdom is silence, the second listening, the third memory, the fourth practice, the fifth teaching others." **Solomon Ibn Gabriol**

O PROCESSO DE AQUISIÇÃO DE FLUÊNCIA ORAL me parece similar. Já que essa competência é individual, cabe a nós, professores, proporcionar muitas oportunidades de uso de oralidade em nossas aulas. Sugiro nesse capítulo ideias práticas de vivências, situações de interesse dessa faixa etária. Na maioria das vezes será necessária a adaptação à sua realidade, o que tornará seu curso ainda mais interessante e personalizado para seus alunos.

Independente da metodologia que você utiliza, é possível adequar atividades diferentes à sua prática pedagógica. Há muitas escolas em nosso país que preferem dar ênfase à leitura em função de vestibular, uso de leitura instrumental nas universidades, cursos de pós-graduação etc. Às vezes o professor não tem fluência e domínio de oralidade suficientes para conduzir suas aulas em inglês, apesar de deter grande conhecimento sobre o idioma. Ainda assim, com boa exposição de modelos de áudio, é possível dar andamento a essa habilidade e não deixá-la de lado. O receio de errar está presente em nossas aulas. Observamos nossos alunos com vergonha de serem criticados, de ser motivo de risos dos colegas. Porém, esse exemplo pode partir de você. Ao se arriscar você também estará se aprimorando.

ATIVIDADE 1

You and I

IDADE: A partir de 14 anos.

DURAÇÃO: Uma aula.

OBJETIVO: Integrar os alunos, incentivar a participação oral em aula falando sobre sentimentos, costumes e particularidades dessa faixa etária.

MATERIAL: Uma folha com as frases que serão utilizadas como base da dinâmica.

PROCEDIMENTO: Os alunos trabalham em duplas. Cada um recebe sua folha com as perguntas. Peça que eles comecem a fazer perguntas, alternadamente, um para o outro, sem necessariamente seguir a ordem apresentada na folha. Os alunos devem responder rapidamente, sem muito tempo de elaboração. Para mudar os pares, toque uma música, por exemplo. Então as novas duplas recomeçam o diálogo. Você pode acrescentar quantas perguntas quiser e direcionar, se achar conveniente, ao tópico que está sendo trabalhado. Cada conversa pode durar dois minutos. Após 20 ou 30 minutos de oralidade, peça aos alunos que escrevam respostas que conseguirem se lembrar e entreguem para você.

EXEMPLOS

When I think about the future, I see myself...
I'm happier when...

What I don't like in group work is...
For my birthday I...
When I was younger/ a child, I thought the world was...
I love...
I hate...
I'm afraid of...
I get angry when ...
I can produce much better when...
I'll consider someone my friend ...
The last time I cried was ...
I lose my temper when ...
When I look at the mirror ...
I'm a little ashamed of ...
Those who really know me ...
My favorite place is...

ATIVIDADE 2

Group Chart

IDADE: A partir de 11 anos.

DURAÇÃO: Uma aula. A parte prática de pesquisa pode durar dez minutos.

OBJETIVO: Promover prática de oralidade direcionada e contextualizada através da busca de informações para o preenchimento da tabela abaixo.

MATERIAL: Uma folha com as perguntas da atividade.

PROCEDIMENTO: Você seleciona diversas frases relevantes ao modo de vida de seus alunos e eles precisarão descobrir o número exato de pessoas que realizam ou não determinada atividade. Ao limitar o tempo e orientá-los adequadamente eles tenderão a trabalhar em equipe.

Sugestão de tabela a ser preenchida no quadro:

	Número de alunos	Meninos	Meninas
# 1			
# 2			
# 3			

a) Who likes beaches?
b) Who screams when sees a cockroach?
c) Who takes more than half an hour in the shower?
d) Who has had more than five boyfriends/ girlfriends?
e) Who's usually late to appointments?
f) Who likes horror movies?
g) Who reads a book a month?
h) Who snores?
i) Who can play a musical instrument?
j) Who has already written poetry?
k) Who doesn't like country music?
l) Who prefers to study in the morning?
m) Who doesn't read the newspaper?
n) Who can't ride a bike?
o) Who enjoys going to the supermarket?
p) Who doesn't have an/ a Orkut/ Facebook profile?

ATIVIDADE 3

Catastrophes

IDADE: Ensino Médio.

DURAÇÃO: Uma aula.

OBJETIVO: Promover atividade de conversação dirigida na qual os alunos estejam focados mais no conteúdo que na forma.

MATERIAL: Uma folha com as informações.

PROCEDIMENTO: Aborde o assunto elicitando vocabulário relativo a catástrofes mundiais, suas consequências etc. Leia as alternativas com os alunos e peça que trabalhem individualmente escolhendo as dez piores catástrofes em dez minutos. Em seguida, divida-os em grupos de seis ou oito alunos para que juntos, em consenso, escolham as sete piores catástrofes e as enumerem em ordem crescente. Essa atividade pode durar de 15 a 20 minutos. Compare os resultados entre os grupos e as razões de suas escolhas.

Humanity is at the brink of the destruction of the Earth. You have been chosen to take part in the committee that will study the situation and propose the solutions. Make your choices. Rate them from 1 to10 (number 1 being the worst).

Events	How long	Option
Complete lack of electric energy	1 year	
Contaminated drinking water	3 months	
Lack of fruit and vegetables	2 years	
Lack of petroleum	3 years	
Complete lack of painkillers and anesthetics	4 months	
Prohibition of practicing any kind of religion	1 year	
Teacher strike	2 years	
Sex strike	1 year	
Technology researchers' strike	1 year	
Means of transportation strike	6 months	
Doctor strike	6 months	
Total policemen & firefighters strike	8 months	
Press strike	10 months	

ATIVIDADE 4

Listen to Me

IDADE: A partir de dez anos.

DURAÇÃO: 15 a 20 minutos.

OBJETIVO: Desenvolver habilidade de argumentação a partir de integração de habilidades: compreensão auditiva e leitura.

MATERIAL: Um texto escrito e uma versão diferente para que você leia para os alunos.

PROCEDIMENTO: Distribua a cópia de um texto à sua escolha. Peça aos alunos que prestem atenção em sua leitura e observem se há alguma informação diferente. No seu texto você mudará pelo menos metade das informações, com variações de tipos diferentes, considerando gênero, número, grau, concordância, informação etc. Os alunos devem anotar as diferenças que notam e explicá-las posteriormente oralmente para você e o resto do grupo.

ATIVIDADE 5

Hot Air Balloon

IDADE: A partir de 13 anos.

DURAÇÃO: De 20 a 30 minutos.

OBJETIVO: Promover atividade de conversação dirigida na qual os alunos estejam focados mais no conteúdo que na forma.

MATERIAL: Nenhum. O(a) professor(a) apenas lerá a situação para que os alunos discutam o assunto.

PROCEDIMENTO: Divida a classe em seis grupos, que devem escolher um representante de cada. Leia o texto abaixo para os alunos. Se tiver menos alunos em sala, diminua o tamanho dos grupos proporcionalmente.

> You're flying in a Hot Air Balloon. There's been a problem and the balloon is losing altitude. It's about to hit a building in five minutes. If only three people stay in the balloon it will gain altitude and the crash will be avoided. Three people will have to jump from the balloon but there are no parachutes.

Pergunte a seus alunos quais os argumentos dos grupos para que os representantes permaneçam no balão?

Peça que preparem seus argumentos antes de iniciar a parte prática entre os grupos. Durante o debate, estimule todos os alunos a participarem. Os representantes não devem ser os únicos a falar.

ATIVIDADE 6

Getting to know you

IDADE: A partir de dez anos.

DURAÇÃO: De 20 a 30 minutos.

OBJETIVO: Desenvolver autenticidade no grupo, exercitar o ouvir e o falar.

MATERIAL: Tiras de papel para os alunos escreverem perguntas e uma caixa ou saco para guardá-las.

PROCEDIMENTO: Cada aluno recebe duas papeletas e é orientado a escrever uma pergunta relacionada ao grupo. Conforme o nível linguístico a linguagem pode ser mais sofisticada. Cada aluno coloca suas duas papeletas na caixa. Aleatoriamente os alunos pegam papeletas da caixa, leem em voz alta as perguntas, e respondem para o grupo. O próprio grupo realiza eventuais correções nas perguntas.

Exemplos:

Who's the most meaningful person in the group for you? Why?
Do you like your name? What does it mean?
How do other people see you?
What upsets you?
What's your strongest characteristic?
Name a weakness.
What kind of food you don't like?
Who would you invite for a trip? Why?
Do people change their minds when they get to know you?

Ao terminarem as perguntas você pode abordar o grupo com questões como essas:

- O que lhe surpreendeu na resposta de algum colega?
- Quais os aspectos positivos dessa atividade?
- Quais os aspectos negativos dessa atividade?
- Alguém passou a ver outro colega de forma diferente?
- etc.

ATIVIDADE 7

Cast a Spell

IDADE: A partir de 12 anos.

DURAÇÃO: De 20 a 30 minutos.

OBJETIVO: Produção oral totalmente livre.

MATERIAL: Papeletas para os alunos escreverem.

PROCEDIMENTO: Os alunos devem sentar-se em círculo. Cada um recebe uma papeleta em branco, na qual deverá escrever algo que gostaria que o colega sentado à sua direita fizesse. Pode ser qualquer coisa: imitar alguém, dançar, pular, recitar, imitar um animal, cantar uma música etc. O aluno deve assinar sua papeleta. Após recolher as papeletas você informa os alunos que, na verdade, o que ele sugeriu ao colega será feito por ele. Ao tirar cada papeleta e ler o nome o aluno deverá ler seu comando e realizá-lo.

ATIVIDADE 8

What's your opinion?

IDADE: A partir de 13 anos.

DURAÇÃO: Uma aula.

OBJETIVO: Refletir sobre o processo de aprendizagem e aquisição linguística. Compartilhar as opiniões pessoais oralmente.

MATERIAL: Folha de pesquisa.

PROCEDIMENTO: Essa pesquisa é interessante para ser utilizada pelo menos após um mês de aula com um novo grupo. Através das respostas e expressão das opiniões de seus alunos você poderá conhecê-los melhor e direcionar o curso de maneira mais motivadora. A expressão linguística dessa produção livre também poderá ser observada como atividade oral, observação de erros e com correção posterior.

	Very much agree	Agree	Undecided	Dis-agree	Totally disagree
1. It is important for a teacher to care a lot about his/ her teaching.					
2. A good teacher controls the class firmly.					
3. A good teacher is warm and friendly towards students.					
4. A good teacher is interested in each one as a person.					

5. A good teacher lets students mark their own tests.					
6. I like it when the students take over and run the lesson.					
7. I prefer working in group or individually to having a teacher-dominated lesson.					
8. A good teacher gets students to work hard.					
9. If we need help, the good teacher finds time to talk outside the classroom.					
10. I like it when the teacher asks my opinion in class.					

Reprodução parcial das páginas 132, 133 de *A Course in LanguageTeaching*.

ATIVIDADE 9

True or False?

IDADE: A partir de dez anos.

DURAÇÃO: Vinte minutos.

OBJETIVO: Estimular a criação de frases no presente simples.

MATERIAL: Papel, lápis, quadro.

PROCEDIMENTO: Essa atividade pode ser totalmente oral ou se você preferir, escreva as frases no quadro. Você diz a frase e os alunos decidem se a informação é verdadeira ou falsa. Após treinarem algumas vezes, divida os alunos em grupos de 4 a 6 alunos para que eles mesmos criem suas frases e dê início à uma competição entre eles.

Exemplos:

A cow eats grass.	True	False
The sun comes up in the evening.	True	False
A cow gives milk.	True	False
A lion eats grass too.	True	False

ATIVIDADE 10

My Weekend

IDADE: A partir de dez anos.

DURAÇÃO: Vinte minutos.

OBJETIVO: Praticar o passado simples de forma menos controlada, na qual o aluno possa formular suas próprias perguntas e respostas dentro de um tema específico.

MATERIAL: Nenhum.

PROCEDIMENTO: Peça aos alunos que formulem cinco frases sobre o final de semana. Duas delas devem ser falsas. Na sequencia coloque-os em pares e peça que um leia para o outro suas frases. O colega deve descobrir quais informações são verdadeiras e quais são falsas. Uma vez terminada a atividade, troque os pares. Peça aos alunos que reportem para o grupo posteriormente.

ATIVIDADE 11

Role-plays

IDADE: A partir de 12 anos.

DURAÇÃO: Vinte minutos.

OBJETIVO: Desenvolver pequenas situações de conversação e estimular a apresentação para o resto do grupo.

MATERIAL: Cartões com as situações, em número suficiente para duplas na classe.

PROCEDIMENTO: Divida os alunos em duplas. Entregue aleatoriamente situações de role-play. Os alunos devem realizar a tarefa oralmente. Solicite voluntários para apresentarem as pequenas simulações para o grupo.

Exemplos de situações:

Dois amigos encontram-se após as férias de verão e conversam sobre as experiências que tiveram.
O filho tenta convencer o pai a deixá-lo ir viajar com os amigos no próximo feriado.

Um dos alunos precisa fazer uma reserva em um hotel nos Estados Unidos.
O aluno quer fazer parte de uma comunidade que se comunica pela Internet, mas o primeiro contato é por telefone.
O que pode ser feito para melhorar o relacionamento na família?
Tommy quer usar um piercing, mas seu pai é contra. Como convencer o pai?

ATIVIDADE 12

Our families

IDADE: A partir de dez anos.

DURAÇÃO: 15 minutos.

OBJETIVO: Promover a interação do grupo de forma cooperativa, praticando o idioma com vocabulário específico sobre família e perguntas com *How many*, entre outras.

MATERIAL: Cartões com perguntas ou uma folha avulsa com as perguntas se você preferir. Escreva as perguntas em cartões/ tiras ou coloque todas as perguntas em uma folha se preferir que todos trabalhem todas as perguntas.

PROCEDIMENTO: Entregue algumas questões ou a folha com todas as questões para os alunos. Elicite o tipo de pergunta que devem fazer para obter as respostas necessárias. Peça que organizem em uma cartolina ou no quadro as respostas às perguntas.

Sugestão de perguntas:

Who comes from the largest family?
How many people are the oldest in the family?
How many people are only children?
How many people are the middle child?
How many people have pets?
How many cousins do the group have in total?

Who do you admire most in your family?
How many people have sisters?
How many people have babies at home?

VARIAÇÃO: Você pode usar o estilo de atividade e adaptá-la para outros tópicos, por exemplo, para o *present perfect*:

Find how many classmates have flown in a plane.
Find out how many times people have been in hospital.
Find out how many students in the group have broken their legs or arms.
Find out how many times students have won something in a competition.

ATIVIDADE 13

Are we similar?

IDADE: A partir de 12 anos.

DURAÇÃO: 15 minutos.

OBJETIVO: Praticar a oralidade de forma interativa em pares sobre assuntos de interesse comum entre as duplas.

MATERIAL: Frases no quadro, que podem ser copiadas no caderno com o intuito de dar início à conversa e para registro posterior de resultados.

PROCEDIMENTO: Coloque no quadro as frases abaixo para que os alunos possam dar início ao diálogo que será realizado em duplas. A atividade deve ser livre para que escolham as perguntas que desejarem. Após completarem a tarefa, compartilhe os resultados e levante com a classe que tipo de perguntas fizeram para chegar a esse resultado. Esse será, então, seu momento de intervenção para correção e sugestões linguísticas nessa atividade.

Sugestão:

We are both...
We both have...
We both like...
In the future both of us will probably...
Neither of us...
When we were little children we both used to...

ATIVIDADE 14

Where do I sit down?

IDADE: A partir de dez anos.

DURAÇÃO: Cinco minutos.

OBJETIVO: Utilizar a atividade como *warm up*, introdução ou fechamento de aula ou assunto.

MATERIAL: Tiras de papel com as instruções para os alunos, uma para cada um.

PROCEDIMENTO: Forme uma roda com seus alunos e peça que se sentem deixando espaço para uma pessoa ao seu lado. Entregue as tiras apenas para metade dos alunos. A outra metade deverá permanecer sentada. Conforme a instrução da papeleta o aluno deverá descobrir um colega que se encaixe na situação e sentar-se ao seu lado. Vários alunos poderão, eventualmente, ficar sem lugar. Depois troque os times. Repita várias vezes se desejar.

Exemplos:

Find someone older than you and sit next to him/ her.
Find someone who has a big dog and sit next to him/ her.
Find someone who can ride a bike and sit next to him/ her.
Find someone who ate pizza last weekend and sit next to him/ her.
Find someone who is taller than you and sit next to him/ her.
etc.

ATIVIDADE 15

Is it True of False?

IDADE: A partir de dez anos.

DURAÇÃO: Dez minutos.

OBJETIVO: Praticar a oralidade com advérbios de frequência.

MATERIAL: Caderno e lápis.

PROCEDIMENTO: O aluno escreve uma frase com cada advérbio de frequência: *very often/ often/ sometimes/ rarely/ never* ou outros que estejam sendo trabalhados. Apenas duas devem conter informações verdadeiras. As outras devem obrigatoriamente ser falsas. Divida, então, os alunos em duplas ou pequenos grupos para que tentem descobrir quais frases dos colegas são verdadeiras e quais são falsas.

Sugira verbos diversos para as frases, como:

cry	lie
laugh	daydream
make mistakes	quarrel with sister/ brother
forget things	get angry
enjoy yourself	be late
hide things/ lose things	do homework

ATIVIDADE 16

Titanic

IDADE: A partir de 13 anos.

DURAÇÃO: Uma aula.

OBJETIVO: Praticar a oralidade através de integração de habilidades e diferentes recursos didáticos.

MATERIAL: Vídeo do filme *Titanic* para exibir algumas cenas ou acesso à Internet para mostrar os links do YouTube, mencionados abaixo.

PROCEDIMENTO: Levante o vocabulário relacionado (sugestão abaixo) com o grupo. Passe uma cena do filme na hora do salvamento ou utilize algum dos links fornecidos abaixo. Procure uma cena na qual haja mulheres e crianças entrando nos botes salva-vidas. Interrompa a cena e questione seus alunos:

> They placed women and children first. Was that correct? Do you agree with this procedure?

Agrupe-os conforme suas opiniões e peça que justifiquem suas respostas. Após ouvi-los, pergunte como deveriam proceder se o acidente ocorresse hoje.

VOCABULÁRIO

- ship
- indestructible
- voyage
- iceberg
- survival
- lifeboat
- passenger
- children
- women
- man
- rescue

TEXTO INFORMATIVO

> The Titanic hit an iceberg on April 14th, 1912 on its first trip from England to New York. It sank and of the 2.224 people on the ship only 700 survived.

LINKS:

- <www.youtube.com/watch?v=nMMD-XeCFiM>
- <www.youtube.com/watch?v=SxzSjWpXeyw>
- <www.youtube.com/watch?v=vjKGYJac0GU>

VARIAÇÃO: Peça aos grupos que escrevam a sinopse do filme como atividade complementar.

ATIVIDADE 17

Conditionals

IDADE: A partir de 14 anos.

DURAÇÃO: 15 a 20 minutos.

OBJETIVO: Praticar o uso de condicionais.

MATERIAL: Nenhum.

PROCEDIMENTO: Divida os alunos em trios. Você pode direcionar as perguntas de cada grupo ou permitir que escolham as que querem elaborar. Depois de discutidas as ideias os alunos as apresentam para o grupo. Se preferir pode ampliar para uma apresentação em cartaz ou PowerPoint.

Sugestão:

What if you were born old and life went back wards to zero like Benjamin Button?
What if human beings could fly?
What if humans could live in Mars as well?
What if you were born 700 years ago?
What if the North Pole really melted?
What if the Amazon was destroyed?
What if there was no Internet anymore?
What if there was life in other planets?
What if there was only one language in the world?
What if there was only one religion in the world?
What if there was a war among all the countries in the world?

ATIVIDADE 18

Hunting – Should it be banned?

IDADE: A partir de 14 anos.

DURAÇÃO: Uma aula.

OBJETIVO: Promover conversa livre entre os alunos, apenas baseada em opiniões.

MATERIAL: Nenhum ou acesso à Internet para pesquisa.

PROCEDIMENTO: Dividir a sala em grupos para eventual pesquisa e discussão sobre o tópico.

PESQUISA:

What kind of animals are hunted in your country? When are they hunted? Why? For how long are they hunted?
Choose another country and find out more information about one animal hunting.

LINKS:

- <www.peta.org>
- <www.buzzle.com/articles/endangered-rainforest-animals.html>
- <www.brazilianfauna.com>

ATIVIDADE 19

The How Many Game

IDADE: A partir de dez anos.
DURAÇÃO: 20 minutos.
OBJETIVO: Praticar *How many* oralmente de forma contextualizada.
MATERIAL: Nenhum.
PROCEDIMENTO: Divida os alunos em grupos. Eles devem criar perguntas que envolvam números. Trabalhe de forma cooperativa e competitiva. Pontue frases ditas corretamente e respostas também.

Sugestão:

How many seasons are there in a year?
How many signs of the Zodiac are there?
How many years are there in a century?
How many pences are there in a pound?
How many months with 31 days are there?

ATIVIDADE 20

What a Gift...

IDADE: A partir de dez anos.

DURAÇÃO: 20 minutos.

OBJETIVO: Justificar opinião.

MATERIAL: Nenhum.

PROCEDIMENTO: Pergunte o que podemos fazer com presentes estranhos recebidos. Elicite do grupo presentes que eles gostaram mais, menos e por que. Peça que escrevam em um papelzinho uma coisa que seria esquisita de dar ou de ganhar. Inclua alguns e coloque todos em um saquinho ou caixa. Cada aluno tirará um papelzinho e terá que explicar o que fará com o presente recebido.

Sugestão:

a broken vase
a wooden leg
a wig
a broken computer mouse
a parachute
a plastic cat
a candle stick
a stuffed bear

ATIVIDADE 21

What would you do if/ What would happen if...?

IDADE: A partir de 14 anos.

DURAÇÃO: 20 minutos.

OBJETIVO: Proporcionar oportunidade de vivência para a prática oral dessa estrutura.

MATERIAL: Tiras de papel com as perguntas para praticarem em pares.

PROCEDIMENTO: Divida os alunos em duplas. Entregue uma tira de papel para cada aluno. Se preferir, faça duas filas, uma de frente para outra, para realizarem a atividade. Após perguntarem e responderem, quando você determinar, os alunos fazem um rodízio das tiras de papel com novas perguntas sobre o tópico gramatical.

Sugestão:

What would happen...

if everybody who told a lie turned green?

if you could not sleep at night at all?

if a salesman called and tried to sell you a sauna bath?

if you got lost in the forest or a desert island?

if men were not allowed to become doctors or pilots?

if your horoscope warned you against traveling on the day of your holiday?

if you suddenly found out that you could become invisible?

if people could drive at 14?

if you were invited to the Queen's garden party?

if the price of alcohol was raised by 300 per cent?

if you were not able to remember numbers?

if a photograph of yours won 1st prize at an exhibition?

if a film was made in your place of work?

if you found a snake under your bed?

if children over ten were allowed to vote?

if gold was found in your area?

if a friend said she did not like the present you had given her?

if it rained every day of your vacation?

if you found R$ 1000 on the bus?

if your best friend aged 14 told you she was pregnant?

if girls had to do military service in Brazil?

ATIVIDADE 22

A wonderful Trip

IDADE: A partir de 11 anos ou quando os alunos estiverem estudando passado simples.

DURAÇÃO: De 20 a 30 minutos.

OBJETIVO: Desenvolver habilidade oral utilizando o passado e uma situação real.

MATERIAL: Roteiro.

PROCEDIMENTO: Peça aos alunos que imaginem uma viagem excelente que fizeram. Divida-os em duplas ou trios para que conversem entre si. Você pode entregar cópias do roteiro de perguntas, pode utilizá-lo em transparência, no quadro etc.

Sugestão de roteiro:

Where did you go?
How did you get to this place?
How long did it take you to get there?
How long did you stay?
Who was you with?/ Who did you go with?
How was the weather?
What season of the year was it?
Did you meet new people? If so, describe one of them.
Was there a special song for that time?
What did you like most?
Did you go sightseeing? Can you describe a place you went to?
Did you have any problems during this trip?
Was it easy to get accustomed to the hotel?
Did you see anything you had never seen before?
What time did you arrive back home?
How long did the trip back home take?
Would you like to return to this place? Why?

ATIVIDADE 23

Three Songs

IDADE: A partir de dez anos.

DURAÇÃO: 20 minutos.

OBJETIVO: Proporcionar oportunidade de diálogo entre os alunos sobre gostos musicais em comum com os colegas.

MATERIAL: Caderno.

PROCEDIMENTO: Os alunos devem escolher três músicas que marcaram momentos especiais para eles. Os nomes das canções devem ser anotados no caderno. Então, em duplas, os colegas tentam descobrir por que as músicas foram escolhidas e a que se referem. Levante com seus alunos as diferentes formas de fazer perguntas para descobrirem. Se quiser dar continuidade, peça aos alunos que compartilhem entre si as músicas escolhidas e pesquisem se a mesma canção foi escolhida por outros colegas.

ATIVIDADE 24

Continue the Dialog

IDADE: A partir de dez anos.

DURAÇÃO: 15 minutos.

OBJETIVO: Proporcionar oportunidade de diálogo entre os alunos.

MATERIAL: O modelo de diálogo.

PROCEDIMENTO: A partir de um diálogo do livro ou elaborado por você, os alunos devem dar continuidade à conversa. Veja o exemplo:

A: Look, it's stopped raining!
B: Yeah, it's true! Do you want to go out?
A: Yes, I've got a lot of shopping to do.
B: Right, let's go. Where do you want to go first?
...

ATIVIDADE 25

Solve the Problem

IDADE: A partir de 13 anos.

DURAÇÃO: 20 minutos.

OBJETIVO: Desenvolver habilidades gerais de oralidade.

MATERIAL: Nenhum.

PROCEDIMENTO: Você mostra uma situação-problema para que os alunos, em pequenos grupos, tragam soluções. Veja dois exemplos:

Ex. 1: Sugestão de resposta para cartas em um programa de rádio.
Ex. 2: Você faz parte de uma ONG que trabalha com crianças cegas.

A ONG quer organizar um acampamento para as crianças, mas o *budget* não é suficiente. Como você levantará fundos?

ATIVIDADE 26

Talk About It

IDADE: A partir de 13 anos.
DURAÇÃO: Cinco minutos por aluno.
OBJETIVO: Desenvolver fluência direcionada a um tópico específico.
MATERIAL: Descrição de situação.
PROCEDIMENTO: O aluno recebe uma situação e deve falar sobre ela por dois minutos. À medida que você repete esse tipo de atividade, os alunos ficam menos nervosos e conseguem produzir mais. Além disso, é muito comum em testes de inglês internacionais.

ATIVIDADE 27

Comments

IDADE: A partir de dez anos.
DURAÇÃO: Dois minutos por aluno.
OBJETIVO: Desenvolver fluência direcionada a um tópico específico.
MATERIAL: Figuras, fotos.
PROCEDIMENTO: O professor mostra uma figura, foto ou desenho para o aluno, que deverá falar imediatamente sobre a mesma sem tempo de elaboração. O tempo deve ser curto para essa atividade. Aplique alguma atividade para os outros alunos enquanto observa o desempenho individual.

ATIVIDADE 28

Feelings/ What do you think about...

IDADE: A partir de 10 anos.
DURAÇÃO: 15 minutos em média.

OBJETIVO: Desenvolver fluência direcionada a um tópico específico.

MATERIAL: As frases que dão início à tarefa.

PROCEDIMENTO: O professor entrega as frases por escrito para serem completadas oralmente ou fala uma parte e deixa que o aluno complete o resto.

Sugestão:

Ketchup packs you can't open...
People who talk about soap operas...
People who steal your answers in class...
Songs that have bad lyrics...
Slow walking shoppers...
People who crack their fingers to show off...
Mosquitoes you can't kill...
Waiters who look the other way...
Blackouts in the middle of good movies...
People who press the lift button after you...

ATIVIDADE 29

How Many Students...?

IDADE: A partir de dez anos.

DURAÇÃO: 15 minutos em média.

OBJETIVO: Desenvolver fluência direcionada a um tópico específico.

MATERIAL: Nenhum específico.

PROCEDIMENTO: Escreva no quadro o que deseja que o grupo descubra e elicite deles as perguntas que deverão fazer para obter as respostas.

Exemplo:

a) Quantos e que tipos de animais de estimação os alunos desse grupo tem.

b) Quantas pessoas desse grupo já ficaram acordadas até o sol nascer?

c) Quantas pessoas desse grupo já fizeram algum tipo de cirurgia.

d) Quantos alunos já viajaram para outro país?

ATIVIDADE 30

Find someone

IDADE: A partir de dez anos.

DURAÇÃO: 15 minutos em média.

OBJETIVO: Desenvolver fluência direcionada a um tópico específico.

MATERIAL: Nenhum específico.

PROCEDIMENTO: Diga a frase que dá rumo à procura pelo aluno que se encaixe na resposta.

SUGESTÃO:

a) Ache alguém de óculos e forme uma roda.

b) Ache alguém que tomou o mesmo café da manhã que você e sente-se ao lado dessa pessoa.

c) Ache alguém que saiba jogar volleyball muito bem e sente no chão.

ATIVIDADE 31

The World of Pets

IDADE: A partir de dez anos.

DURAÇÃO: Uma aula

OBJETIVO: Desenvolver fluência direcionada a um tópico específico.

MATERIAL: Nenhum específico.

PROCEDIMENTO: Divida os alunos em grupos de quatro a seis alunos. Na lista abaixo há 25 perguntas que podem ser escolhidas e feitas sobre o assunto para gerar conversação. O ideal é que os alunos conversem por 10 a 20 minutos em média. Após a conversa eles devem fazer um resumo da troca de informações obtida para depois ler o resultado para os outros grupos. Não oriente todas as etapas de uma vez para aproveitar a espontaneidade de cada uma delas.

1. What pet do you think makes the best pet? Why?
2. What is the name of your favorite pet? What made this pet special for you?
3. What does, or did, your favorite dog/ pet look like? Can you describe your pet?
4. How did your pet join your family? What were some factors in your decision?
5. Did you train your dog/ pet? How? To do what? Why?
6. How do you take care of your pet? Give specific examples.
7. How do you play with your pet? What do you enjoy doing together?
8. Does you pet like car trips? Beach walks? Hikes? Parks? Playing with toys?
9. Can you describe your pet's personality?
10. How did others in your family feel about your favorite dog/ rabbit/ fish/ bird/ other pet?
11. Why are dogs good pets? Do you agree that dogs are the ideal pets?
12. What are some challenges with having a pet?
13. How do dogs help people? Can you think of some professions for dogs?
14. Have you ever known/ heard of an animal that rescued a person? How?
15. What's the most extraordinary thing you've ever heard that a pet did?
16. What are some disadvantages to having pets? How could pets cause trouble?
17. Have you ever taken a pet to a veterinarian? Did it get a vaccination? Why?
18. How did you express your grief when your pet died? If you haven't been through this before, how do you imagine you would?
19. Are pets treated different in the U.S. than in Brazil? Can you give an example?
20. Have you ever watched a dog show? What was your reaction?

21 Are you allergic to any animal? Which one? What do you do for your allergies?
22 Can you think of some movies that star dogs? Other animals? Which is your favorite?
23 What do you think children learn from having pets?
24 Why are we so devoted to our pets? Why do we love them so much?
25 Some people say that dogs and their owners look alike. What do you think? Do dog owners resemble their dogs?

ATIVIDADE 32

Our Little World

IDADE: A partir de dez anos.

DURAÇÃO: Dez minutos.

OBJETIVO: Desenvolver notícias gerais sobre uma determinada população.

MATERIAL: Nenhum específico.

PROCEDIMENTO: Essa atividade pode ser usada como *warm up* ou *wrap up* em uma aula cujo conteúdo você consiga ligar aos exemplos abaixo ou criar outros similares. Os alunos devem elaborar notícias ou apenas *headlines* partindo de locais diferenciados, para populações imaginárias e alternativas.

Sugestão:
Na lua
No fundo do mar
No topo das árvores
Dentro da geladeira
No topo do Monte Everest
No centro da terra
Na beira do rio Amazonas
Em Marte

ATIVIDADE 33

Good and Bad News

IDADE: A partir de 13 anos.

DURAÇÃO: Uma aula.

OBJETIVO: Praticar conversação objetiva sobre fatos ocorridos no mundo.

MATERIAL: Pesquisa prévia sobre assuntos da atualidade em jornais, revistas ou Internet.

PROCEDIMENTO: Solicite uma pesquisa prévia, mesmo em língua portuguesa se não houver recurso para que a pesquisa seja realizada em inglês. Os alunos devem extrair três notícias boas e três ruins sobre atualidades. A partir dessa pesquisa, eles devem se agrupar na sala de acordo com pelo menos dois de seus assuntos para, em grupo, elaborarem uma forma de repassar o conteúdo para os colegas. Podem apresentar oralmente, através de um cartaz, figuras etc. Aproveite a oportunidade para conversar sobre os assuntos trazidos.

ATIVIDADE 34

One Minute Speech

IDADE: A partir de 11 anos.

DURAÇÃO: Uma ou mais aulas, de acordo com o número de alunos no grupo.

OBJETIVO: Treinar a fala sobre um assunto usando o máximo de argumentos e vocabulário do aluno.

MATERIAL: Nenhum.

PROCEDIMENTO: O tempo de fala para cada aluno é de um minuto e o assunto sorteado na hora. Os alunos podem realizar os speeches diante da classe toda ou você pode dar uma atividade para os grupos enquanto chama cada um individualmente para apresentar apenas a você. À medida que você repetir essa prática, os alunos ficarão mais ágeis e confortáveis para falar nessa circunstância. O aluno pode relacionar sua experiência pessoal ao tema ou falar de fatos que conheça sobre o mesmo.

ASSUNTOS

- sports
- gardening
- school
- travel
- gossip
- space and science
- music
- entertainment
- animals
- planes
- bikes
- university
- vacation
- reading

ATIVIDADE 35

Reporters

IDADE: A partir de 13 anos.

DURAÇÃO: Uma ou mais aulas, de acordo com o número de alunos no grupo.

OBJETIVO: Desenvolver a oralidade através de contextualização.

MATERIAL: Lista dos países e acesso à Internet para pesquisa.

PROCEDIMENTO: Os alunos serão repórteres trabalhando para um jornal internacional. Você lista diversos países no quadro e eles escolhem onde gostariam de estar. A partir dessa informação partem para pesquisa de uma notícia daquele país. Eles deverão apresentá-la oralmente. Não é necessário grande período de elaboração. Uma vez que compreendam a notícia, devem transmiti-la para os colegas.

Lista dos países e suas nacionalidades em ordem alfabética:

- **<www.englishclub.com/vocabulary/world-countries-nationality.htm>**

Lista dos países em ordem alfabética:

- **<www.internetworldstats.com/list2.htm#af>**

Sites para localizar notícias de diversos países:

- **<www.newsoftheworld.co.uk/news>**
- **<http://news.bbc.co.uk>**
- **<www.nytimes.com/pages/world>**

ATIVIDADE 36

Let's Go Shopping

IDADE: A partir de dez anos.

DURAÇÃO: Uma aula, de acordo com o número de alunos no grupo.

OBJETIVO: Desenvolver a oralidade através de contextualização.

MATERIAL: Nenhum.

PROCEDIMENTO: Simule um programa de TV que tenha dado aos seus alunos um crédito financeiro bastante alto (defina o valor). Eles precisam gastar todo o dinheiro em compras apenas para eles mesmos em um dia e ficarem sempre juntos. Em grupos, os alunos devem elaborar o roteiro e apresentá-lo oralmente. A conversa para acertarem os detalhes deve ser em L2 o máximo possível.

Sugestão de perguntas para guiar os grupos:

Where to go?
Which shop first?
Where to have lunch?
What to eat?
What do you need most?
What do you want most?
Are you buying presents for each other?
Where are you going to have some fun?
Where are you going to rest/ relax?
How are you going from one place to another?
What are you going to buy your English teacher?

ATIVIDADE 37

A Different World

IDADE: A partir de 13 anos.

DURAÇÃO: 30 minutos.

OBJETIVO: Utilizar estrutura predefinida em atividade de conversação guiada.

MATERIAL: Caderno.

PROCEDIMENTO: Os alunos elaboram cinco frases a partir da estrutura *Life would be different without... (ex. dogs, videogames, computers, cars etc.)*. A partir dessas frases os alunos devem elaborar e conversar sobre como compensar a falta dessas coisas.

ATIVIDADE 38

Royal Opinions

IDADE: A partir de 13 anos.

DURAÇÃO: Uma aula.

OBJETIVO: Gerar conversação a partir de tema polêmico.

MATERIAL: As frases.

PROCEDIMENTO: Coloque em uma transparência ou escreva no quadro frase por frase e abra uma discussão com o grupo. Depois de realizadas as rodas de conversa sobre os tópicos, peça que escolham uma para escreverem em sala ou em casa, sintetizando as opiniões apontadas pelo grupo e a pessoal deles sobre o assunto.

Monarchies should be abolished.
Kings and queens should work.
Queens should go shopping in supermarkets.
Royals are better than common people.
Privilege is unfair in our century.
Royals should have a weekly TV show about their week's news.
It is good to die in war for one's king or queen and country.
Queen Elizabeth should sell some diamonds and give the money to charity.
Royals have special blood.

ATIVIDADE 39

Emergency

IDADE: A partir de 12 anos.

DURAÇÃO: 20 minutos.

OBJETIVO: Praticar conversação dirigida para elaboração de um plano de emergência.

MATERIAL: Nenhum.

PROCEDIMENTO: Divida os alunos em duplas ou trios. Eles devem criar um plano de emergência para situações de risco. Peça que formulem três ideias de procedimento para esse tipo de situação. Abra para o grupo todo e compartilhe as ideias.

Sugestão:

Incêndio na escola
Epidemia de gripe suína no país
Bombas no metrô
Assaltante no prédio
Assédio de multidão à personalidade em visita à escola

ATIVIDADE 40

Personality

IDADE: A partir de 14 anos.

DURAÇÃO: Uma aula se houver dramatização.

OBJETIVO: Realizar pesquisa dirigida a partir de perguntas formuladas pelos próprios alunos.

MATERIAL: As sugestões.

PROCEDIMENTO: Elabore o questionário com a ajuda dos alunos. Eles devem buscar informações sobre os colegas já terem conhecido pessoas com certas características. Há sugestões abaixo, mas você pode motivá-los a expressarem outras ideias. Na sequência eles devem avaliar se acham que essas pessoas precisam de auxílio médico ou algum tipo de aconselhamento e por que. Se desejar, faça um role-play paciente/ médico psiquiatra ou terapeuta.

Sugestão:

Someone whose temper is extremely volatile.
Someone who often runs and cannot be controlled.

Someone who continually brings shame on his or her family.
Someone who often launches into tirades against other family members.
Someone who storms around the house ranting and raving.
Someone who has a propensity to slap others around the face.
Someone whose actions constantly make them a laughingstock.
Someone whose conduct in public leaves a lot to be desired.
Someone whose arrogance and vanity makes them believe they should be respected.
Someone involved with drug dealing.

ATIVIDADE 41

Superlative Chit-chat

IDADE: A partir de 13 anos.

DURAÇÃO: 30 minutos.

OBJETIVO: Praticar oralidade usando o superlativo.

MATERIAL: Nenhum

PROCEDIMENTO: Divida seus alunos em grupos de quatro alunos. Eles deverão conversar sobre os extremos. Antes de iniciar a atividade elicite os adjetivos que podem ser utilizados como comparativos. Eles devem reportar para a classe os resultados de seus grupos.

Sugestão:

What is the longest bus journey you've taken?
What's the most uncomfortable bus journey you've taken?
The one with the most objectionable person sitting beside you?
Most scenic...
The noisiest...
The most expensive...
The craziest...
The most eventful...
The happiest...
The cheapest...

ATIVIDADE 42

Let's Talk

IDADE: A partir de 12 anos.

DURAÇÃO: 30 minutos.

OBJETIVO: Praticar oralidade através de perguntas que ajudem os alunos a conversar sobre determinados temas.

MATERIAL: Nenhum.

PROCEDIMENTO: Você pode fazer uma roda de conversa, um debate, revezar os papéis em um debate de forma que parte da classe defenda a ideia e parte seja contra e depois inverter os papéis, por exemplo. Seguem, abaixo, alguns temas para discutir em classe.

Sugestão:

Do you think teenagers today should show more respect for adults? (teachers, parents etc.)
What do you think about teenagers who dye their hair blue, green, or another crazy color?
What would you do if your teenage son or daughter shaved his or her head?
What do you think parents can do to help teenagers avoid depression?
Do you have a good relationship with your parents? Why or why not?
Do you think it's a good idea to give teenagers a lot of freedom? (ex.: come home when you like.)
What is the most important thing a parent can do for a teenager?
Do you think that advertising plays an important role in how teenagers think?
Should teenagers work? Why or why not?
Can teens change the world? If yes, how? If not, why not?
What is the difference between the teenagers of 19th century and the teenagers of the 21st century?
How do you think fashion changed or affected your life?
What do you think you can contribute to society?

ATIVIDADE 43

World Channels

IDADE: A partir de 12 anos.

DURAÇÃO: Uma aula.

OBJETIVO: Pesquisar na Internet e apresentar para a classe notícias oriundas de outros países, juntamente com a análise de estilo de apresentação dos países.

MATERIAL: Internet.

PROCEDIMENTO: Divida-os em pares ou grupos. Eles falam sobre as últimas notícias de países diversos. Podem verificar imagens na Internet, tipos de histórias que surgem nos outros países etc. Oriente-os a observar se há música, estilo de apresentação, vestimenta etc.

Países:

- USA
- Brazil
- Nigeria
- Pakistan
- Indonesia
- Japan
- Iceland
- North Korea

5

52 Dicas de técnicas de leitura para seus alunos

"Muitos homens iniciaram uma nova era na sua vida a partir da leitura de um livro."

Henry Thoreau

QUANDO PENSO EM LEITURA, sempre me vem à mente um trabalho individual, um esforço pessoal, uma descoberta única na relação autor/ leitor. Há muitas palavras que desconhecemos e nem por isso deixamos de captar as mensagens que nos são transmitidas. Você encontrará, a seguir, 52 dicas para dar aos seus alunos.

Em minha opinião, elas devem ser reveladas paulatinamente, de acordo com sua escolha de textos, livro didático, paradidático etc.

Além das atividades normalmente propostas em seus livros didáticos ou de outras fontes para professores, proponho um trabalho paralelo de orientação ao estilo de aprendizagem do aluno. Há diversas dicas que facilitam o caminho e iluminam as escolhas. É importante não trabalhar diversas coisas ao mesmo tempo. Ao perceber que seus alunos consolidaram uma estratégia, vá para a seguinte. Pode-se criar certa confusão se várias coisas forem solicitadas ao mesmo tempo.

Dividi essas dicas em seis categorias:

a) **Questões de múltipla escolha** – muito comuns em vestibulares, testes internacionais, testes on-line etc.

b) **Dicionários/ glossários/ palavras** – dicas de estudo, reconhecimento, recursos, organização.

c) **Parágrafos** – pensamentos estratégicos que podem trazer agilidade para a leitura.

d) **Gravuras e pontuação** – detalhes importantes de recursos, interpretação e significado.

e) **Técnicas diversas** – técnicas conhecidas pelos professores, que podem ser revisadas ou ensinadas para os alunos.

f) **Gêneros textuais** – como se valer desse recurso tão importante.

Múltipla escolha

Ao realizar testes de múltipla escolha, uma técnica interessante é pensar na resposta à pergunta antes de olhar as alternativas. Depois procure a que mais se aproxima de seu pensamento.

Questões de múltipla escolha normalmente apresentam duas ou três alternativas quase idênticas. Procure as diferenças.

Se após dois minutos você ainda não tiver a resposta para a questão, pule e retorne posteriormente.

Dicionários/ glossários/ palavras

Monte seu glossário pessoal. Você pode fazê-lo no computador ou em uma agenda telefônica com as letras em ordem alfabética. O resultado é muito eficiente.

Marque as palavras já consultadas em seu dicionário pessoal com uma caneta marca-texto.

Faça uma lista das palavras que acha difícil memorizar.

Grupos de palavras: procure palavras que estejam interligadas, por exemplo: *basketball, hockey, golf, soccer, tennis – sports*. Procure sempre identificar o tema.

À medida que for lendo, sublinhe as palavras-chaves.

Antônimos: Observe se as palavras têm o mesmo papel gramatical e troque-os na frase para ver se fazem sentido.

Parágrafos

Resuma os parágrafos. Ao resumi-los, não anote exemplos.
Para agilizar sua leitura, pule as palavras que desconhece.
Após ter uma ideia global volte para verificá-las.

Procure achar a sentença tópico do parágrafo.

Resuma a ideia principal do parágrafo em uma frase.

Nem sempre a primeira frase é a sentença-tópico do parágrafo, com a informação mais importante do mesmo.

Nem sempre o primeiro parágrafo define a ideia principal de um texto.

Procure concentrar-se no que entende e não no que não entende.

Gravuras e Pontuação

Se houver gravura sem legenda acompanhando o texto, elabore uma legenda mentalmente. Isso facilita a rapidez de conexão com o texto e será mais fácil lembrar-se de detalhes.

Quando houver fotos nos textos, verifique detalhes se possível. Elas sempre contam histórias e foram escolhidas pela maior riqueza de suas imagens.

Observe todos os recursos fornecidos como palavras em itálico, negrito, tabelas, títulos, subtítulos, legendas, figuras etc.

Aspas são usadas para relatar as palavras exatas de um personagem. Em alguns contextos são usadas para demonstrarem que a palavra está sendo utilizada com um significado diferente daquele dado pelo dicionário, às vezes querem mostrar ironia também.

Parênteses são usados para mostrar correções, explicações, traduções etc.

Quando você encontrar travessões, verifique se foram usados para exemplificar definições.

Técnicas diversas

Predição: Imagine detalhes do que você irá ler, como cabeçalhos. Verifique, então, nomes, datas, números, estude as figuras, defina o gênero textual. Conhecer a ideia principal do assunto antes da leitura permeia esse recurso.

Coesão: Para identificá-la no texto, procure, por exemplo, palavras como os pronomes (palavras que substituem os substantivos): *I/ you/ he/ she/ he/ her/ this/ these* e verifique se eles se referem a algo já mencionado anteriormente. Volte no texto se necessário. Cheque se a palavra refere-se ao assunto já abordado.

Gêneros textuais

Ao ler literatura fixe ou anote os nomes dos personagens e suas características. Isso facilitará a compreensão do enredo.

Em literatura você também pode ler uma página completa sem auxílio do dicionário e, então, fazer um resumo, ainda que mentalmente, antes de seguir para a página seguinte. Se não conseguir fazer o resumo, procure no máximo dez palavras no dicionário para facilitar a compreensão. Se ainda assim você não conseguir resumir a página, essa escolha não está adequada ao seu nível linguístico.

Se você decidir ler jornais, os mais recomendados para não nativos são os chamados *Quality English Newspapers*, ex.: *The Times, The Guardian, The Telegraph, The Daily Express.*

Ao ler artigos ou textos de não-ficção fique atento às estruturas. Normalmente a essência do artigo está na conclusão. O corpo dará explicações, detalhes, exemplos etc.

Ao ler um texto científico procure fatos. Isso facilitará a compreensão.

Compartilhando uma atividade muito especial: o *Brainquest*, já apresentado no *Inglês é 11!*, traz um foco diferenciado. É possível envolver voluntariamente os alunos para uma competição de conhecimentos gerais em língua estrangeira, mais uma vez tornando significativo o aprendizado do idioma.

Brainquest em forma de Olimpíada

IDADE: A partir de dez anos.

DURAÇÃO: Uma aula para cada fase.

OBJETIVO: Gerar uma Olimpíada de inglês para estimular a aplicabilidade do conhecimento genérico adquirido.

MATERIAL: Cópias do teste de conhecimentos gerais do *Brainquest*.

PROCEDIMENTO: Você pode fazer a Olimpíada de forma voluntária ou para todos os alunos. Procure misturar questões interdisciplinares para tornar o desafio mais interessante. Se desejar, divida a Olimpíada em duas partes, estabelecendo o valor de corte para a segunda fase. Há apenas um vencedor, aquele que acertou o maior número de questões (se tiver duas fases, na fase dois, caso contrário na única fase). Procure subsídio para premiação, como prêmios pedagógicos ou incentivo financeiro de alguma instituição. Use sua criatividade. Estabeleça o número de questões de acordo com a disponibilidade de tempo que tiver.

Veja exemplos de questões, que podem variar desde questões de línguas até atualidades. Se preferir, gere uma folha de respostas para facilitar a correção.

1 They _______________ do their homework today because it is a holiday at the school.

a. must not **b.** don't have **c.** don't have to **d.** must

2 Come back in the morning, _______________ ?

a. do you **b.** have you **c.** will you **d.** don't you

3 Last night, I ______________ I was calling the police and really did it.

a. dream **b.** dreaming **c.** dreamed **d.** hawmed

4 If I win the lottery, I ______________ buy you a very big car as a present.

a. should **b.** will **c.** am **d.** would

5 If I ____________ very hard, I would be able to stop smoking.

a. try **b.** would have tried **c.** had tried **d.** tried

6 His mother forced him to _________ his homework every night after supper.

a. make **b.** do **c.** made **d.** did

7 I've been studying Italian ___________ I was five years old.

a. for **b.** since **c.** ago **d.** on

8 It is _____________ book that I have ever read.

a. funny **b.** funniest **c.** the funniest **d.** the funnier

9 Paulo is _______ as Marco. They're both qualified for the team.

a. good **b.** the best **c.** better **d.** as good

10 A: What do you do for a living?

B: ___________________________

a. 2432 Oak Street. **b.** I'm an architect.

c. I have an apartment. **d.** I have a college degree.

11 A: Can I ask you a personal question?

B: Sure. ___________________ Ask me.

a. All the time. **b.** Maybe some other time.

c. Go ahead. **d.** Go straight ahead.

12 In which Ocean is Hawaii?

a. The Pacific **b.** The Atlantic

c. The Indic **d.** The Dead Sea

13 Which classical composer became deaf near the end of his life?

a. Mozart **b.** Beethoven

c. Bach **d.** Mendelson

14 How many rings are there in the Olympic Games symbol?

a. three **b.** four **c.** five **d.** six

15 The largest coffee growing country in the world is:

a. India **b.** England **c.** Brazil **d.** Bolivia

16 The UNO (United Nations Organization) was formed in the year of:

a. 1950 **b.** 1955 **c.** 1942 **d.** 1945

17 A: How would you like to pay?

B: ____________________________.

a. Credit card **b.** $20.56

c. A discount of 20% **d.** This is a change

18 Rachel and Jessica are taller than John. Maria is shorter than Lara and Lara is taller than Sally. John is taller than Lara. Who is the tallest out of John, Maria, Lara and Sally?

a. Lara **b.** Aria **c.** Sally **d.** John

19 Joy is taller than Cassie. Joy is taller than Brian who is taller than Cassie and Geoff. Geoff is shorter than Val who is shorter than Cassie. Is Val the shortest?

a. Yes **b.** No

c. She could be. **d.** Maybe.

20 The Father

A mother is 21 years older than her child. In exactly 6 years from now, the mother will be exactly 5 times as old as the child. Where's the father?

a. In another city.

b. With the mother. If you do the math, you find out the child will be born in 9 months.

c. With the child because the mother will be 22 years old.

---

21 What is the name of the movement of the Earth around itself (its own axis)?

a. rotation **b.** revolution **c.** latitude **d.** longitude

---

22 I come between 40 and 50. The sum of my digits is 11. What number am I?

a. 11 **b.** 41 **c.** 45 **d.** 47

---

23 The smallest planet in our solar system is ________________.

a. Pluto. **b.** The Moon. **c.** Saturn. **d.** Earth.

---

24 She is older than me ________________ three years.

a. by **b.** for **c.** in **d.** on

---

25 What is the world's longest river?

a. The Nile **b.** The Mississippi

c. The Amazon **d.** The Tamise

---

26 What was the name of the first people who arrived in America?

a. Pilgrims **b.** Native Americans **c.** Foreigners **d.** Indians

---

27 Sarah saved $ 85. She lent $ 35 to a friend. How much does Sarah have left?

a. $ 50 **b.** $ 65 **c.** $ 35 **d.** $75

28 Where does the sun rise?

a. East **b.** West **c.** South **d.** North

29 In the 20th century, how many world wars have there been?

a. One. **b.** Two **c.** Three **d.** None

30 What gas is necessary for life to exist?

a. Helium **b.** Carbonite **c.** Metane **d.** Oxygen

31 Vincent van Gogh was ________________.

a. an explorer **b.** an artist **c.** a singer **d.** a hunter

32 Food is broken into small bits inside your body. What's this process called?

a. digestion **b.** ingestion **c.** digestive **d.** ingoing

Outras questões que você pode utilizar de acordo com o nível linguístico de seus alunos:

You can buy aspirin at a ________________.

a. chemist's **b.** baker's **c.** restaurant **d.** post office

Today is Wednesday. Tomorrow is ________________.

a. Monday **b.** Tuesday **c.** Saturday **d.** Thursday

A: My phone number is 278-9852.
B: Sorry. ____________________.
A: Sure: It's 278-9852.

a. Can you help me?
b. Could you repeat that?
c. Do you have any change?
d. Could you repair the phone?

A: ______________________

B: You're welcome.

a. How are you?

b. Thank you.

c. Bye.

d. Oh, really!

You parents are your ____________________________.

a. cousins, aunts and uncles

b. sisters and brothers

c. mother and father

d. grandmother and grandfather

People cook in the ________________.

a. chicken **b.** dining room **c.** kitchen **d.** hall

It's very ______________ today in Rio de Janeiro. The temperature is 40 degrees centigrade.

a. sun **b.** sunny **c.** raining **d.** cold

You drink water when you are ______________.

a. thirty **b.** hungry **c.** thirsty **d.** sad

Breakfast, lunch and dinner are ________________.

a. food **b.** meals

c. snacks **d.** vegetables

Pineapples, grapes and plums are ______________.

a. fruit **b.** vegetables

c. flowers **d.** trees

A deaf person cannot ______________.

a. see **b.** breathe **c.** hear **d.** walk

A: This present is for you.
B: ____________________

a. You're right.
b. No problem!
c. What a nice surprise.
d. You're welcome.

The eighteenth century goes from ____________________.

a. 1700-1800 **b.** 1800-190 **c.** 1600-1700 **d.** 1900-2000

A: Isn't this weather gorgeous?
B:________________________.

a. Yes, it's awful
b. Yes, it's terrific
c. Yes, it's horrible
d. Yes, it's depressing

A **soap opera** is ______________________.

a. music for a bath **b.** a book
c. a TV love story **d.** a game

Handmade clothes are ______________________.

a. clothes that you wear on your hand
b. clothes that someone sewed by hand
c. bracelets, rings and watches
d. clothes that you buy in a small shop

You can use the card to _______________ cash from your account at any time.

a. withdraw **b.** pay **c.** earn **d.** spend

The jury came back into court and gave their _________________.

a. sentence **b.** guilty **c.** evidence **d.** verdict

You can do your own cooking in a ______________ apartment.

a. camping
b. package
c. chalet
d. self-catering

When Steve retired, he decided to take _______ badminton.

a. on b. up c. out d. over

Keep your shirt on means ____________________.

a. be patien
b. don't undress
c. dress well
d. keep yourself warm

Because Mary's parents worked abroad, they sent her to a _________ school.

a. college
b. secondary
c. training
d. boarding

Don't worry! You'll soon get the _____________ of that machine.

a. hand b. hang c. range d. lie

We can't do any more now. Let's call it a ___________ .

a. halt b. stop c. night d. day

The expressions below are used in the Internet. Choose the right meanings.

4 u EZ BTW AD

a. for university; easy; bring tea and water; advantage.
b. for you; easy; by the way; add days.
c. for university; easy; bring tea and water; any day.
d. for you; easy; by the way; any day.

Which two oceans does the Panama Canal link?

a. Atlantic/ Pacific b. Pacific/ Indic c. Indic/ Atlantic

On which continent is Sierra Leone?

a. Asia **b.** Australia

c. Europe **d.** Africa

The first Industrial Revolution took place in:

a. France **b.** England

c. The US **d.** Netherlands

Which insects are known to be the better "workers"?

a. grasshoppers **b.** ants and bees

c. flies **d.** caterpillars and centipedes

If you are the butt of a joke on April 1 then you would NOT be called what?

a. April Fool **b.** April Fish

c. April Saint **d.** Gowk or Cuckoo

In which country do people work the least number of hours each year?

a. Italy **b.** Japan

c. Portugal **d.** Norway

What did the early Romans call July in their calendar?

a. July **b.** Julius

c. Quintilis **d.** Augustus

Where did the capital city of California get its name?

a. It is named for angels.

b. It is named for the anglos.

c. It is named for a river which was named for the Christian sacraments.

d. It is named for St. Francis of Assisi.

Which country does not have one of the top 10 largest labor forces in the world, according to the World Bank?

a. Brazil
b. Bangladesh
c. Nigeria
d. Germany

Which fact is true?

a. Americans spend more on dog food each year than they spend on baby food.
b. More Americans have dogs than cats as pets.
c. Dogs were worshipped in Ancient Egypt.
d. Dogs are smarter than humans.

Cats became objects of worship in Egypt for what reason?

a. The dog was already worshipped by the Assyrians.
b. Egyptians worshipped the sun and recognized the cat's affinity for the sun.
c. Their ability to keep down the rodent population in Eygpt's economically-important grain fields along the Nile.
d. Their grace and beauty.

What is the most common element on Earth?

a. Hydrogen
b. Oxigen
c. Helium
d. Methane

6
Sugestões para atividades gerais de leitura

ATIVIDADE 1

Let's Put It Together

IDADE: A partir de dez anos.

DURAÇÃO: 30 minutos.

OBJETIVO: Trabalhar a compreensão de leitura e análise de texto através de relações interpessoais entre os alunos.

MATERIAL: Texto escolhido dividido em partes e cópias de acordo com o número de alunos. Pode até ser um texto do próprio livro didático copiado especificamente para essa finalidade.

PROCEDIMENTO: Entregue para cada aluno uma parte do texto com perguntas relativas à mesma. Diversos alunos recebem essa mesma parte. Após responderem às perguntas eles precisam encontrar os colegas que têm a mesma parte do texto e comparar suas respostas ao se agruparem. Na sequência a classe deve tentar montar o texto contando com a ajuda de integrantes dos diversos subgrupos que compartilhavam os mesmos trechos do texto.

ATIVIDADE 2

Mind Maps

IDADE: A partir de dez anos.

DURAÇÃO: 30 minutos.

OBJETIVO: Aprender a desenhar um mapa mental com o vocabulário e ideias de um texto.

MATERIAL: Apenas o texto escolhido e o caderno.

PROCEDIMENTO: Na ATIVIDADE 8 de Paradidáticos – *Fishbone* – trabalhamos o conceito de paragrafação e palavras-chaves relacionadas aos mesmos. Com os mapas mentais buscamos identificar as palavras-chaves de vocabulário, independente da ordem em que aparecem no texto. Antes da leitura do texto, abra um mapa mental no quadro, junto com seus alunos, referente ao tema do texto. Peça que trabalhem em duplas, por exemplo e copiem do quadro o mapa desenhado.

Veja o exemplo abaixo. As duplas devem ampliar o mapa acrescentando itens. Compare os mapas e acrescente novos itens no quadro. Entregue, então o texto e as duplas poderão ampliar o mapa ou não. Abra para discussão com o grupo todo.

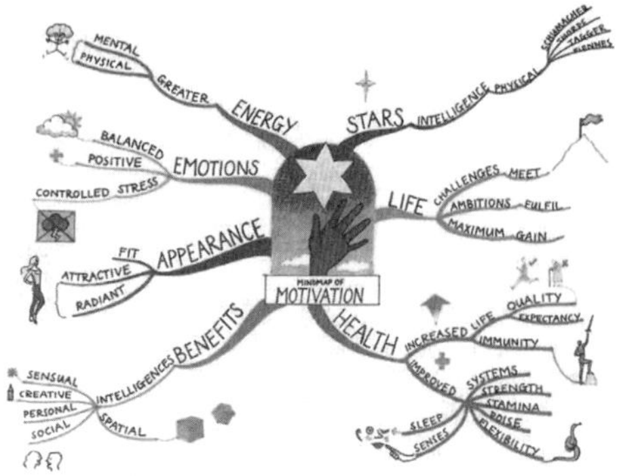

FONTE: **<www.brainy.com.au/mindmap_examples.html#4>** Source: Power of Physical Intelligence by Tony Buzan

ATIVIDADE 3

Let's Chat

IDADE: A partir de 13 anos.

DURAÇÃO: 20 minutos.

OBJETIVO: Aplicar o vocabulário do texto de maneira significativa e ampliá-lo.

MATERIAL: O texto escolhido.

PROCEDIMENTO: Após realizarem a leitura de um texto, do material didático ou outro texto à sua escolha, peça aos alunos que façam uma seleção das palavras-chaves do texto que pareçam mais interessantes para eles. Abra *spidergrams* com cada palavra para ampliar o leque do vocabulário. Direcione, então, a conversa dos alunos sobre as palavras, conceitos envolvidos, em grupos menores.

ATIVIDADE 4

Why?

IDADE: A partir de 12 anos.

DURAÇÃO: 20 minutos.

OBJETIVO: Desenvolver perguntas a partir de uma estrutura específica em qualquer texto.

MATERIAL: Um texto escolhido pelo professor.

PROCEDIMENTO: Após realizar a leitura de qualquer texto escolhido, extra ou do próprio material didático, divida os alunos em duplas para que formulem perguntas usando a estrutura *Why*. Abra opções de variações como *Why is that...? Why do you think...? Why would...? Why do/ does...?*

VARIAÇÃO: A mesma atividade, com a estrutura *How*.

ATIVIDADE 5

Top 5 List

IDADE: A partir de 12 anos ou quando estudarem superlativos.

DURAÇÃO: 20 minutos.

OBJETIVO: Integração de habilidades exercitando estruturas de superlativo contextualizadas.

MATERIAL: Texto escolhido pelo professor.

PROCEDIMENTO: Os alunos devem elaborar a lista dos cinco itens que se destacam (*top five list*) em relação ao conteúdo do texto escolhido. Você pode elicitar do grupo as possibilidades e fazer uma votação ou deixar que trabalhem em grupos menores e apresentem os resultados.

Sugestão:

The top five world cuisines.
The five most beautiful people in the world.
The top five uses of chocolate.
The top five mistakes in the world.
The top five movies ever.
The top five computer games.
The top five reasons cloning should go ahead.

ATIVIDADE 6

On Top of the World

IDADE: A partir de 13 anos.

DURAÇÃO: 30 minutos.

OBJETIVO: Integrar habilidade oral à leitura de texto.

MATERIAL: Partes do discurso de Martin Luther King ou o texto na íntegra.

PROCEDIMENTO: Após trabalhar a leitura do texto parcial ou integralmente, direcione seus alunos a falarem de momentos em que estiveram muito felizes (*on top of the world*): *earlier today/ yesterday/ last week/ last month*. Se você preferir, nesse site você encontrará o discurso na íntegra, o vídeo ou só o áudio para utilizar: <www.mlkonline.net/video-i-have-a-dream-speech.html>.

August 28, 1963. Washington, D.C. – Martin Luther King

I am happy to join with you today in what will go down in history as the greatest demonstration for freedom in the history of our nation. [Applause]

Five score years ago, a great American, in whose symbolic shadow we stand signed the Emancipation Proclamation. This momentous decree came as a great beacon light of hope to millions of Negro slaves who had been seared in the flames of withering injustice. It came as a joyous daybreak to end the long night of captivity.

But one hundred years later, we must face the tragic fact that the Negro is still not free. One hundred years later, the life of the Negro is still sadly crippled by the manacles of segregation and the chains of discrimination. One hundred years later, the Negro lives on a lonely island of poverty in the midst of a vast ocean of material prosperity. One hundred years later, the Negro is still languishing in the corners of American society and finds himself an exile in his own land. So we have come here today to dramatize an appalling condition.

In a sense we have come to our nation's capital to cash a check. When the architects of our republic wrote the magnificent words of the Constitution and the declaration of Independence, they were signing a promissory note to which every American was to fall heir. This note was a promise that all men would be guaranteed the inalienable rights of life, liberty, and the pursuit of happiness.

...

I say to you today, my friends, that in spite of the difficulties and frustrations of the moment, I still have a dream. It is a dream deeply rooted in the American dream.

I have a dream that one day this nation will rise up and live out the true meaning of its creed: "We hold these truths to be self-evident: that all men are created equal."

I have a dream that one day on the red hills of Georgia the sons of former slaves and the sons of former slave owners will be able to sit down together at a table of brotherhood.

ATIVIDADE 7

False Statements

IDADE: A partir de dez anos.

DURAÇÃO: 20 minutos.

OBJETIVO: Trabalhar vocabulário e estruturas a partir de um texto.

MATERIAL: Texto escolhido pelo professor.

PROCEDIMENTO: Cada aluno deve modificar duas ou três frases para que se tornem falsas. Ao socializarem as frases, os colegas devem descobrir o que está errado e corrigir a informação.

ATIVIDADE 8

True or False Camp

IDADE: A partir de dez anos.

DURAÇÃO: 20 minutos.

OBJETIVO: TPR (*total physical response*) como variação de técnicas no aprendizado e aplicabilidade do conteúdo do texto.

MATERIAL: Texto.

PROCEDIMENTO: Após trabalharem o texto escolhido, você lerá para o grupo frases que podem ser verdadeiras ou falsas sobre o texto. Escolha dois pontos opostos na sala de aula para serem *True Camp* e *False Camp*. Os alunos devem escolher a resposta adequada. Quando houver divergência eles devem argumentar tentando persuadir os colegas a mudarem de lugar e de opinião.

* TPR – *Total Physical Response* – Abordagem desenvolvida por James Asher, que promove resposta física e movimentos no aprendizado de línguas estrangeiras.
Informações mais detalhadas nesse site: <www.teachingenglish.org.uk/content/total-physical-response-tpr>

ATIVIDADE 9

Story on the Board

IDADE: A partir de dez anos.

DURAÇÃO: Dez minutos.

OBJETIVO: Atividade pré-leitura.

MATERIAL: Frases retiradas do texto escolhido e colocadas no quadro ou nas paredes com tak ou fita crepe.

PROCEDIMENTO: Extraia do texto diversas frases fora de sequência. Coloque-as nas paredes ou escreva-as no quadro. Os alunos devem levantar de seus lugares, ler as frases e comentá-las. Não diga que se referem a um texto que farão a leitura. Após expandir o vocabulário e tomar contato com o contexto, inicie o trabalho com o texto. Peça que grifem as frases no próprio texto.

ATIVIDADE 10

Headlines

IDADE: A partir do uso de superlativos.

DURAÇÃO: 15 minutos.

OBJETIVO: Eleger o melhor título para um texto.

MATERIAL: Texto.

PROCEDIMENTO: Escolha um texto do material didático ou extra. Após realizar tarefas de compreensão do mesmo, divida os alunos em duplas ou trios para que inventem um novo título para o mesmo. Escreva os títulos no quadro. A classe elegerá o que melhor descreve o texto. Ao votarem eles devem argumentar usando o superlativo.

Sugestão:

the closest to the article
most interesting
the funniest
the craziest
the most entertainment
the most original

the shortest
the most objective

ATIVIDADE 11

I wish that hadn't happened

IDADE: A partir de 14 anos.

DURAÇÃO: 30 minutos.

OBJETIVO: Expressar opinião a partir de leitura específica.

MATERIAL: Jornal, textos ou pesquisa de textos na Internet.

PROCEDIMENTO: A partir dos títulos de notícias sobre diversos assuntos que ocorreram no mundo os alunos devem começar seus comentários com a estrutura *I wish that hadn't happened*... e explicar o porquê. Você pode pesquisar jornais na Internet. Nas referências você encontrará links para os mesmos.

ATIVIDADE 12

Fill the Sentences

IDADE: A partir de dez anos.

DURAÇÃO: 15 minutos.

OBJETIVO: Posicionar as frases extraídas no local correto do texto.

MATERIAL: Texto sem as frases que foram extraídas e tiras com as mesmas.

PROCEDIMENTO: Extraia frases do texto. Os alunos devem descobrir onde elas devem se encaixar explicar e o porquê.

ATIVIDADE 13

Match the Antonym

IDADE: A partir de dez anos.

DURAÇÃO: 30 minutos.

OBJETIVO: Explorar antônimos e ampliar vocabulário.

MATERIAL: Texto, dicionários se disponíveis.

PROCEDIMENTO: Os alunos escolhem dez palavras do texto e escrevem seus antônimos. Divida-os em duplas ou trios. Eles trocam as palavras escolhidas e identificam os antônimos no texto. Resuma no quadro as palavras sugeridas pelos alunos. Se puder dispor de dicionário nessa aula será um ótimo momento para esse treino com os alunos. Use um dicionário monolíngue se os alunos já tiverem nível linguístico adequado.

ATIVIDADE 14

Questions and Answers

IDADE: A partir de 11 anos.

DURAÇÃO: Uma aula.

OBJETIVO: Desenvolver questões de compreensão do texto.

MATERIAL: Texto curto.

PROCEDIMENTO: Traga um texto curto sem atividades elaboradas. Divida os alunos em grupos e peça que cada um deles prepare questões para serem feitas pelos colegas. Oriente-os a variar as perguntas e estilos de exercícios para enriquecer esse momento.

ATIVIDADE 15

One Word

IDADE: A partir de 12 anos.

DURAÇÃO: De 20 a 30 minutos.

OBJETIVO: Identificação de palavras-chaves no texto ou palavras que resumam as ideias das frases.

MATERIAL: Qualquer texto.

PROCEDIMENTO: Os alunos devem resumir cada frase a uma palavra. Não é necessário usar sempre palavras do texto. Eles podem usar outras palavras que definam melhor seu pensamento. Esse treinamento ajuda a consolidar a estratégia de sintetização. Ao comparar as respostas incentive-os a explicarem suas escolhas.

ATIVIDADE 16

Key Words

IDADE: A partir de 13 anos.

DURAÇÃO: 20 minutos.

OBJETIVO: Praticar perguntas e respostas a partir de vocabulário.

MATERIAL: Cópias do texto e uma lista de palavras-chaves. Se desejar inclua modelos de perguntas.

PROCEDIMENTO: O aluno A recebe uma cópia do texto e a lê. O aluno B recebe uma lista de palavras-chaves do mesmo. O aluno B deve fazer perguntas para o aluno A sobre o texto.

Sugestão de perguntas:

Does the text say anything about ________________?

Does the text mention anything about ____________?

What does the text say about ___________________?

Is ______________ mentioned?

I heard something about __________________

Is there anything there about that ____________?

ATIVIDADE 17

Music and Sounds

IDADE: A partir de dez anos.

DURAÇÃO: Uma aula.

OBJETIVO: Estimular a inteligência musical e identificar sons que possam ser associados ao texto.

MATERIAL: Texto escolhido pelo professor ou pelos alunos, CDs, instrumentos musicais, acesso à Internet.

PROCEDIMENTO: Os alunos podem escolher um texto ou o professor pode trazê-lo. Os alunos devem buscar associações musicais ao mesmo, partindo de personagens, eventos, situações etc. Eles criam *background sounds* para o texto.

7
Compartilhando mais algumas técnicas para o uso de paradidáticos

"All good books have one thing in common – they are truer than if they had really happened, and after you've read one of them you feel that all that happened, happened to you and that it belongs to your forever."

Ernest Hemingway

No livro *Inglês é 11!* eu e minhas coautoras sugerimos diferentes atividades para usar com paradidáticos para alunos a partir de sete, oito anos, mas que podem ser adaptadas para outras idades. Apresento mais algumas a seguir, mais direcionadas para essa faixa etária.

ATIVIDADE 1

2' Role-play Presentation

IDADE: A partir de dez anos.

DURAÇÃO: Uma aula.

OBJETIVO: Trabalhar com integração de habilidades, com ênfase na oralidade espontânea dos alunos.

MATERIAL: O paradidático que estiver sendo lido.

PROCEDIMENTO: Divida os alunos em pequenos grupos e peça que escolham uma cena da história. Dê aos grupos apenas dez minutos para se organizarem e ensaiarem a cena. Os grupos virão à frente para se apresentarem por apenas dois minutos, improvisando sobre a cena escolhida.

VARIAÇÃO: Para enriquecer a atividade, incentive que os alunos façam perguntas entre si.

ATIVIDADE 2

Book Swap

IDADE: A partir de 11 anos.

DURAÇÃO: A determinar, conforme a realidade de cada instituição.

OBJETIVO: Proporcionar maior contato com a leitura através de uma ciranda de livros e troca de informações em sala.

MATERIAL: Paradidáticos da biblioteca da escola ou trazidos pelos alunos.

PROCEDIMENTO: Cada aluno escolhe um título para leitura. Você pode organizar uma Ficha de Leitura sobre o mesmo ou escolher perguntas cabíveis para quaisquer títulos. Os alunos trocam os livros entre si durante o primeiro mês, por exemplo. Então, os alunos que leram os mesmos títulos se agrupam, escolhem uma parte do livro e fazem a reconstituição dramatizada do enredo ou um resumo para contar ao grupo todo, por exemplo.

ATIVIDADE 3

Book Fair

IDADE: A partir de 12 anos.

DURAÇÃO: Duas ou três aulas, conforme a disponibilidade de material para pesquisa ou acesso ao computador para a realização da mesma.

OBJETIVO: Ampliar os conhecimentos em relação à obra escolhida, autor, época etc.

MATERIAL: O paradidático, acesso a enciclopédias ou à Internet.

PROCEDIMENTO: Divida os alunos em grupos e cada grupo deve ficar responsável pela apresentação de um aspecto relacionado ao livro paradidático. Exemplos:

- grupo sobre o autor;
- grupo sobre a época em que foi escrito o livro;
- grupo sobre a época da história;
- grupo sobre capa e ilustrações, tendências;
- grupo sobre cidade(s) onde se passa a história.

Uma vez montadas as apresentações, que podem ser feitas em qualquer estilo, a sala é disposta como uma feira para que todos possam tomar contato com o produto final.

ATIVIDADE 4

Best-seller

IDADE: A partir de 12 anos.

DURAÇÃO: Uma aula.

OBJETIVO: Integração de habilidades, despertar interesse sobre a leitura e produção escrita.

MATERIAL: O paradidático.

PROCEDIMENTO: Se for adotada uma Ciranda de Livros, os alunos elegem, no final, o livro mais interessante. Organiza-se, então, uma minifeira contendo livros, revistas, jornais etc. com o tema do livro vencedor. Um grupo de alunos poderá, ainda, produzir uma resenha crítica.

ATIVIDADE 5
Comparison

IDADE: A partir de 13 anos.
DURAÇÃO: Uma aula.
OBJETIVO: Integração de habilidades, despertar interesse sobre a leitura e produção escrita.
MATERIAL: O paradidático.
PROCEDIMENTO: Comparação de algumas situações do enredo (referente a aspectos, como, por exemplo, a posição da mulher na sociedade, a educação infantil, os divertimentos dos jovens, uma festa) com situações reais da atualidade, mostradas em cartazes ilustrados, por exemplo.

ATIVIDADE 6
Portraits

IDADE: A partir de 13 anos.
DURAÇÃO: Uma aula.
OBJETIVO: Ajudar o aluno a refletir mais profundamente sobre um personagem ou o curso da história a partir do ponto de vista de um dos personagens.
MATERIAL: O paradidático.
PROCEDIMENTO: Divida os alunos em grupos. Peça que desenhem o retrato da cabeça até o pescoço de um personagem. Eles devem grampear uma folha em branco, na qual escreverão pensamentos do personagem.

ATIVIDADE 7
Frames

IDADE: A partir de 12 anos.
DURAÇÃO: Duas aulas.
OBJETIVO: Trabalhar com a estrutura da história para compreensão.
MATERIAL: O paradidático.
PROCEDIMENTO: A partir de inferências feitas em relação aos personagens (*characters*) ou à ação (*plot*),os alunos podem estabelecer relações que os levem a compreender melhor o livro. Você pode solicitar:

- que façam uma comparação entre as características dos personagens;
- montem a sequência cronológica dos fatos da história;
- elaborem um sociograma para explorar os relacionamentos entre os personagens.

ATIVIDADE 8

Fishbone

IDADE: A partir de 13 anos.

DURAÇÃO: Uma aula.

OBJETIVO: Trabalhar com a estrutura da história para compreensão.

MATERIAL: O paradidático.

PROCEDIMENTO: Essa técnica também pode ser aplicada a outros textos. O aluno extrai de cada capítulo a ideia principal, sintetizando-a em uma frase ou parágrafo. As linhas da espinha de peixe servem para se anotar detalhes ou exemplos extremamente relevantes. Uma vez montado o *fishbone* os alunos podem recontar a linha da narrativa.

Fishbone Map Template

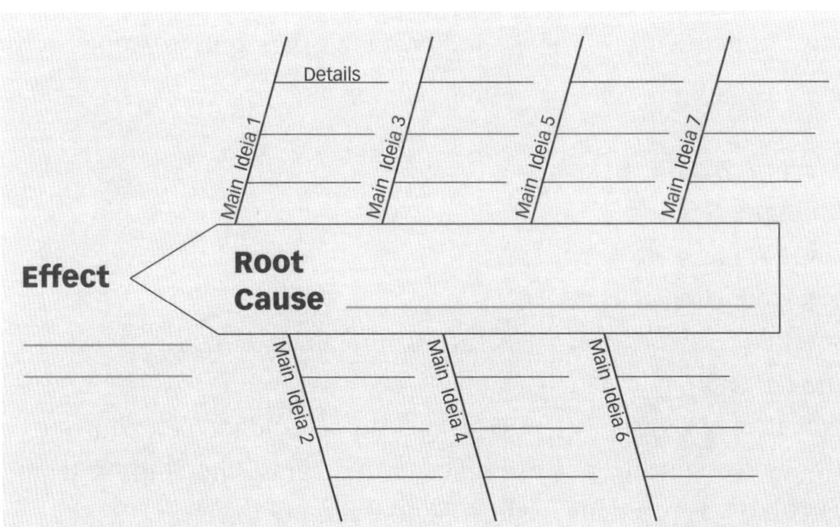

FONTE: read-write-think

ATIVIDADE 9

Who Said That?

IDADE: A partir de dez anos.

DURAÇÃO: Uma aula.

OBJETIVO: Trabalhar com a história para compreensão de personagens.

MATERIAL: O paradidático.

PROCEDIMENTO: Você escreve frases diversas ditas pelos personagens, pede aos alunos que identifiquem quem as escreveu. Essa parte da tarefa pode ser feita com consulta. Na sequência, peça que expliquem, mesmo em português se não conseguirem se expressar em inglês, por que o personagem disse aquela fala, descrevendo ainda, cena e situação.

ATIVIDADE 10

Changes I

IDADE: A partir de dez anos.

DURAÇÃO: Uma aula.

OBJETIVO: Trabalhar com a estrutura gramatical do texto.

MATERIAL: O paradidático.

PROCEDIMENTO: Retirar, por exemplo, os verbos no passado, ou advérbios de frequência, artigos, números etc., para que os alunos coloquem os que desejarem e comparem seus textos.

ATIVIDADE 11

Changes II

IDADE: A partir de dez anos.

DURAÇÃO: Uma aula.

OBJETIVO: Trabalhar com a estrutura gramatical do texto.

MATERIAL: O paradidático.

PROCEDIMENTO: Escolher uma página do paradidático e pedir que os alunos reescrevam, por exemplo, um parágrafo mudando o tempo verbal, ou os pronomes, ou variando em número etc.

ATIVIDADE 12

Details

IDADE: A partir de dez anos.

DURAÇÃO: Uma aula.

OBJETIVO: Esta estratégia é usada para lembrar de palavras abstratas, associando-as a um objeto concreto.

MATERIAL: O paradidático.

PROCEDIMENTO: Escolher uma imagem do texto e ativar a memória: agrupamento, uso de imagens – descrever uma máquina, seu funcionamento, localização ou qualquer outra imagem escolhida.

ATIVIDADE 13

Review the Chapter

IDADE: A partir de dez anos.

DURAÇÃO: 30 minutos.

OBJETIVO: Consolidar vocabulário e estruturas do paradidático.

MATERIAL: O paradidático e a Ficha com o questionário.

PROCEDIMENTO: Aplicar um questionário ao término de determinado capítulo. Quanto maior a variedade de atividades, maior as chances de interesse por parte de seus alunos no paradidático. Seguem algumas sugestões para incluir no questionário:

Chapter ____________________

I learned:

I relearned:

I want to remember:

I wished:

I was angry that:

I wasn't expecting:

I am confused about:

I wonder:

Find one quote from the chapter that you think is important and copy it here.

Explain its importance.

ATIVIDADE 14

Characters

IDADE: A partir de 13 anos.

DURAÇÃO: Uma aula.

OBJETIVO: Integração de habilidades através de ampliação do contexto do livro.

MATERIAL: O paradidático, balões ou papéis em branco.

PROCEDIMENTO: Toda história tem um conflito. Baseado no conflito do paradidático, explore junto a seus alunos como um amigo ou alguém de sua família reagiria à situação e como eles não reagiriam. Peça que tentem imaginar (em duplas ou trios) o que determinado personagem faria ou não em dada situação. Primeiro o aluno desenha um personagem (de modo simples) em uma folha de papel ou em um balão. Na sequência, o personagem torna-se real e é apresentado aos colegas na aula. Segue, abaixo, um roteiro que pode ajudar na formulação do personagem. As atitudes e características físicas e psicológicas também podem ser descritas se seus alunos tiverem vocabulário e fluência suficiente para tal.

1. What is your character's name? Age? Sex? Occupation?
2. Describe some daily routines in the life of your character.
3. What types of magazines would your character read? What kind of music would he or she prefer?
4. How would your character respond if asked for a date?
5. What would your character fear? Hate? Love?
6. Describe your character's clothes.
7. Identify one word that would best describe your character.

Os grupos decidem, então, como seus personagens podem interagir com os personagens apresentados. Os alunos podem sugerir conflitos do dia a dia para treinar vocabulário, como: *The character is changing a flat tire./ The character is involved in, or witnessing a fight./ The character is stuck in an elevator.*

Se desejar, feche a atividade com um registro escrito.

ATIVIDADE 15

Questionnaire

IDADE: A partir de 13 anos.

DURAÇÃO: Uma aula.

OBJETIVO: Desenvolver atividade escrita baseada na leitura do paradidático.

MATERIAL: A folha com o questionário já pré-elaborado.

PROCEDIMENTO: Elabore um questionário para seus alunos. Segue um modelo abaixo, adaptado de <www.edb.utexas.edu/resources/booksR4teens>.

1 After reading the book, which of the following best describes how you feel: angry, awed, amazed, disgusted, disturbed, dissatisfied, irritated, joyous, uneasy, untouched, sad? Elaborate on your answer.

2 Complete any four of the following statements with a minimum of three additional sentences each, reacting to what you have read.

- If I were in this story, I would/ wouldn't have...
- I really admire the character of __________ because...
- I can't really understand...
- I did/ didn't like the way...
- The character of _________ reminds me of myself when...
- I began to think of...
- The biggest thing that the character of ________ learned in this story was...
- The most important lesson that I, the reader, learned in this story was...

3 Which of the following descriptive terms makes you think of one of the characters in the story or novel we just read: lonely, angry, helpless, uncaring, helpful, wise, responsible, unselfish?

Describe the character and explain why you think this character feels or personifies this emotion.

ATIVIDADE 16

The More the Better

IDADE: A partir de dez anos.

DURAÇÃO: 30 a 40 minutos.

OBJETIVO: Desenvolver atividade escrita com foco em vocabulário baseada na leitura do paradidático.

MATERIAL: O livro paradidático e papel.

PROCEDIMENTO: Peça aos alunos que escolham uma página do paradidático, de preferência do capítulo que estiverem trabalhando. Divida os alunos em trios. Um deles lerá o texto durante três minutos para os outros dois integrantes, que anotarão o ditado e assim sucessivamente. Determine o tempo, por exemplo, quatro minutos. Ao terminarem a atividade eles devem corrigir o registro do colega. Vencerá o aluno que tiver o maior número de palavras corretas.

VARIAÇÃO: Toda a classe anotar o mesmo texto e apenas um aluno ditar. A correção é feita pelos próprios alunos.

ATIVIDADE 17

The Picture

IDADE: A partir de dez anos.

DURAÇÃO: 30 minutos.

OBJETIVO: Desenvolver atividade escrita a partir de uma imagem.

MATERIAL: O livro paradidático e papel.

PROCEDIMENTO: Essa atividade escrita deve ser realizada em sala de aula. Mostre uma figura ou foto. Os alunos devem iniciar ou terminar seu texto com referência a essa imagem.

ATIVIDADE 18

Feelings

IDADE: A partir de 12 anos.

DURAÇÃO: 15 minutos.

OBJETIVO: Fixação de vocabulário.

MATERIAL: O livro paradidático, tiras de papel.

PROCEDIMENTO: Dê uma tira de papel para cada aluno. Peça que escrevam um substantivo abstrato para uma emoção ou atitude relativa a um dado capítulo do livro paradidático que você tenha solicitado a leitura. Dê alguns exemplos: *happiness, trust, love* etc. Coloque-as em um saquinho ou caixa. Um aluno retira uma das tiras e lê a palavra. Os colegas procuram relacioná-la a um personagem ou situação do capítulo. Não é necessário usar todas as palavras na mesma aula. Retome a atividade oportunamente.

ATIVIDADE 19

Extra Page

IDADE: A partir de 11 anos.

DURAÇÃO: Uma aula.

OBJETIVO: Desenvolvimento geral da habilidade.

MATERIAL: O livro paradidático, caderno.

PROCEDIMENTO: O aluno precisa incluir uma página extra em dado capítulo do livro sem alterar o rumo da história. Aplique a atividade durante sua aula.

ATIVIDADE 20

Extra Character

IDADE: A partir de 11 anos.

DURAÇÃO: Uma aula.

OBJETIVO: Desenvolvimento geral da habilidade escrita criativa.

MATERIAL: O livro paradidático, caderno.

PROCEDIMENTO: O aluno faz a inclusão de um ou mais personagem na história. Ele deve descrevê-lo física e psicologicamente e explicar sua atuação na história. Se preferir divida-os em pequenos grupos para que desenvolvam a ideia juntos e apresentem-na posteriormente para a classe.

ATIVIDADE 21

Drawing

IDADE: A partir de dez anos.

DURAÇÃO: Depende da extensão da solicitação.

OBJETIVO: Resumir para história em quadrinhos ou expressar através de desenhos parte da história do paradidático.

MATERIAL: O livro paradidático, caderno.

PROCEDIMENTO: O aluno faz a representação da história por desenhos ou história em quadrinhos. Depois de pronto os alunos recontam a história a partir dos desenhos.

ATIVIDADE 22

Acting Out

IDADE: A partir de dez anos.

DURAÇÃO: Uma aula.

OBJETIVO: Interpretação diante do grupo.

MATERIAL: O livro paradidático, caderno.

PROCEDIMENTO: Divida os alunos em pequenos grupos. Eles escolhem uma cena do paradidático e a interpretam para a classe em dois minutos. Não deve haver ensaio ou complementação para uma aula posterior. O elemento surpresa deixa a fala mais natural para o contexto.

ATIVIDADE 23

Our Play

IDADE: A partir de 12 anos.

DURAÇÃO: Uma aula.

OBJETIVO: Mudança de gênero textual.

MATERIAL: O livro paradidático, caderno.

PROCEDIMENTO: Escolha um trecho do livro no qual haja bastante interação entre os personagens. Divida os alunos em grupos para que transformem a cena ou o capítulo em texto teatral.

ATIVIDADE 24

Getting to Know the Character

IDADE: A partir de 12 anos.

DURAÇÃO: Uma aula.

OBJETIVO: Integração de habilidades.

MATERIAL: Nenhum específico.

PROCEDIMENTO: Vocês escolhem um personagem e criam perguntas e respostas alternativas para ele.

Sugestão:

What are the character's hobbies?
What present would the character like to get?
If he could go on a trip, where would he go to? Why?
What kind of TV program does the character like?
What's the character's favorite food?

ATIVIDADE 25

Use your Imagination

IDADE: A partir de 12 anos.

DURAÇÃO: Uma aula

OBJETIVO: Estimular a escrita a partir do paradidático.

MATERIAL: Nenhum específico.

PROCEDIMENTO: Você propõe aos alunos que escrevam uma carta, cartão-postal ou e-mail para um dos personagens.

ATIVIDADE 26

What's the Sequence?

IDADE: A partir de dez anos.

DURAÇÃO: 15 minutos.

OBJETIVO: Ordenar os fatos da história.

MATERIAL: O paradidático, se for com consulta.

PROCEDIMENTO: Escreva no quadro ou entregue em uma folha extra várias frases com fatos da história. Os alunos devem organizar a sequência cronológica de acontecimentos.

ATIVIDADE 27

The Secret Life of...

IDADE: A partir de dez anos.

DURAÇÃO: 30 minutos.

OBJETIVO: Desenvolver a escrita a partir de ideias sobre um personagem.

MATERIAL: Papel.

PROCEDIMENTO: Os alunos especulam sobre a vida de um personagem e imaginam coisas engraçadas, estranhas, malucas etc. Organize-os em pequenos grupos para que no final possam ler o que foi elaborado pelos colegas.

ATIVIDADE 28

Problems...

IDADE: A partir de dez anos.

DURAÇÃO: 30 minutos.

OBJETIVO: Desenvolver a escrita a partir de ideias sobre um personagem.

MATERIAL: Papel.

PROCEDIMENTO: Similar à atividade 27. Dessa vez os alunos imaginam problemas do dia a dia e como o personagem escolhido lidaria com eles.

ATIVIDADE 29

How Boring...

IDADE: A partir de 12 anos.

DURAÇÃO: 30 minutos.

OBJETIVO: Desenvolver a escrita a partir de ideias sobre um personagem.

MATERIAL: Papel.

PROCEDIMENTO: Os alunos são divididos em pequenos grupos e escolhem um personagem. Imaginam como é o trabalho do personagem e o que poderia chateá-lo, de que situações ele reclamaria. Você pode variar comparando o cotidiano dos alunos com o do personagem.

ATIVIDADE 30

What we have in common

IDADE: A partir de 12 anos.

DURAÇÃO: 30 minutos.

OBJETIVO: Desenvolver a escrita a partir de ideias sobre um personagem.

MATERIAL: Caderno.

PROCEDIMENTO: Os alunos escolhem um personagem e escrevem sobre cinco coisas que têm ou vivenciam em comum com ele.

VARIAÇÃO 1: Você pode variar a atividade pedindo que troquem os registros e um corrija o do outro.

VARIAÇÃO 2: Escreverem três similaridades e três diferenças.

ATIVIDADE 31

What you don't know about me

IDADE: A partir de 12 anos.

DURAÇÃO: 30 minutos.

OBJETIVO: Desenvolver a escrita a partir de ideias sobre um personagem.

MATERIAL: Caderno.

PROCEDIMENTO: Divida os alunos em grupos pequenos. Eles devem criar dez frases contendo informações que ninguém sabe sobre o personagem escolhido. Compare e discuta com o grupo se as criações são viáveis.

ATIVIDADE 32

What kind of person are you?

IDADE: A partir de dez anos.

DURAÇÃO: 30 minutos.

OBJETIVO: Desenvolver escrita dirigida.

MATERIAL: Perguntas e caderno.

PROCEDIMENTO: Os alunos escolhem um ou mais personagens para comparação. Eles devem criar um questionário e respondê-lo de acordo com o ponto de vista de um ou mais personagens.

Sugestão de perguntas:

Are you a morning or evening person?
Are you a countryside or city person?
Are you a national or international person?
Are you optimistic or pessimistic?
Are you a newspaper news or Internet news person?
Are you a cat or a dog person?
Do you prefer the mountains or the beach?

ATIVIDADE 33

Memories

IDADE: A partir de 13 anos.

DURAÇÃO: 30 minutos.

OBJETIVO: Desenvolver vocabulário e integração de habilidades a partir das memórias de um personagem.

MATERIAL: Nenhum específico.

PROCEDIMENTO: Os alunos se colocam no papel de um personagem e devem falar de suas memórias. As colocações podem estar ou não relacionadas à história do livro e detalhes apresentados. Cabe a você orientá-los nesse sentido.

Sugestão de memórias:

first
earliest
worst
unforgettable
wish to erase

most beautiful
romantic

ATIVIDADE 34

Family Tree

IDADE: A partir de dez anos.

DURAÇÃO: 20 minutos.

OBJETIVO: Revisar o vocabulário de família.

MATERIAL: O livro paradidático e caderno.

PROCEDIMENTO: Os alunos desenham uma árvore genealógica a partir de um personagem da história.

•

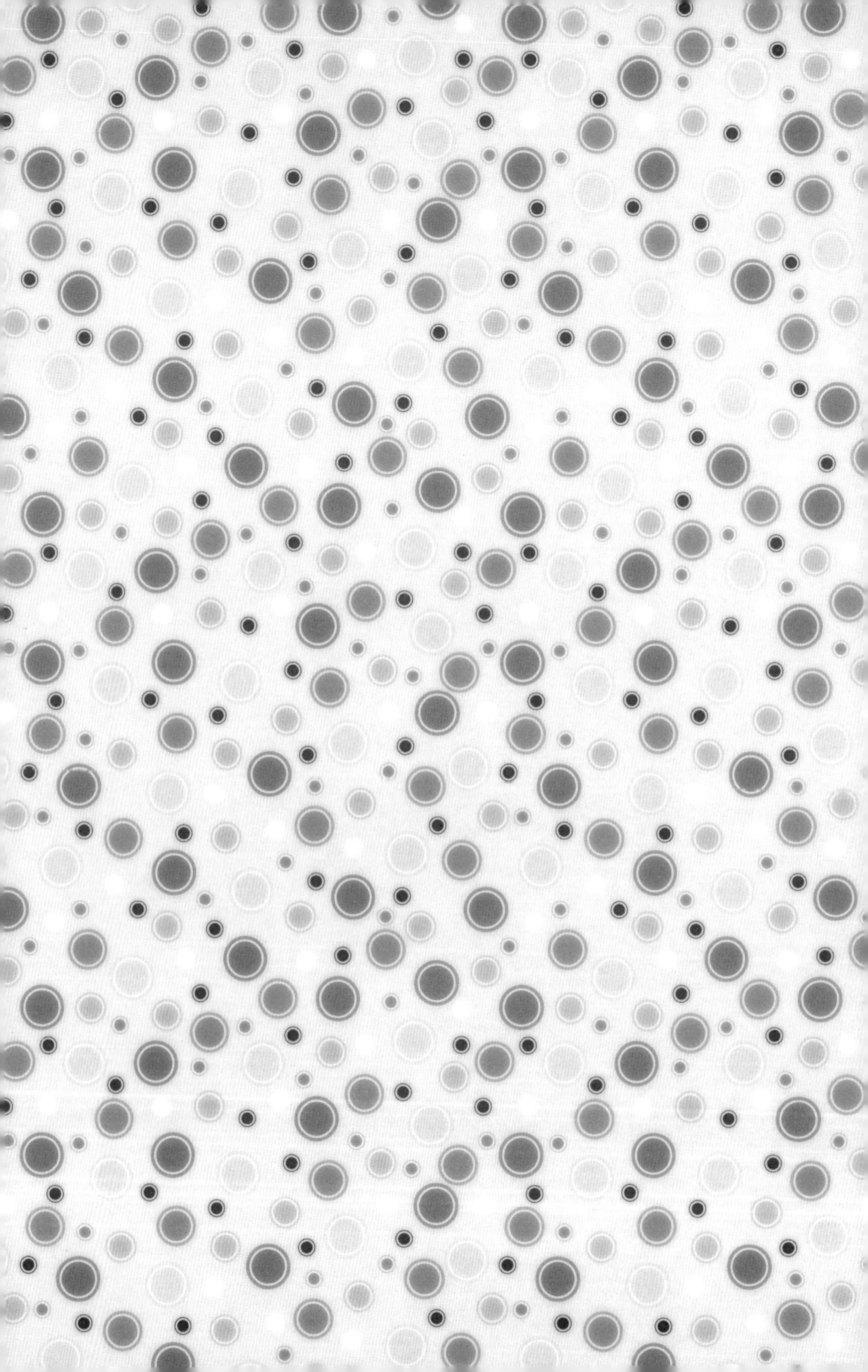

8
Jogos

LINO DE MACEDO E NILSON MACHADO definem jogo (*Jogo e Projeto*, p. 18), com seis características: **livre**, porque ninguém é obrigado a jogar; **delimitada**, porque esta atividade requer definições combinadas de tempo e espaço; **incerta**, porque não se sabe de antemão qual será o resultado; **improdutiva**, porque não gera nem bens, nem riqueza; **regulamentada,** porque sujeita a regras próprias; e **fictícia**, porque opera em um contexto de simulação.

Podemos enumerar muitas vantagens em utilizar jogos em nossas aulas. Os jogos costumam:

- Motivar a ação durante as aulas;
- Contextualizar o aprendizado;
- Tornar a prática do idioma significativa e real;
- Estimular a participação dos alunos;

- Incluir alunos com dificuldade de aprendizagem;
- Trazer concentração para execução da tarefa e consequentemente facilitar o aprendizado;
- Exercitar práticas controladas que ajudam a garantir a consolidação de estruturas;
- Estreitar a relação professor/ aluno;
- Trazer momentos de descontração para a aula.

Aproveite momentos como estes para se aproximar de seus alunos e mostrar-lhes que o acesso ao saber pode ser muito divertido, interessante e proveitoso. Com certeza suas aulas serão sempre esperadas com ansiedade e alegria.

ATIVIDADE 1

Verb Domino

IDADE: A partir de dez anos.

DURAÇÃO: 20 minutos.

OBJETIVO: Praticar o passado dos verbos de forma lúdica.

MATERIAL: As peças de dominó elaboradas por você.

PROCEDIMENTO: Divida os alunos em pequenos grupos para jogarem dominó. Providencie a quantidade de peças adequada, de acordo o número de alunos em sua classe. Veja o exemplo abaixo.

met	Past form of begin
began	Past form of buy

ATIVIDADE 2

Pictures and Questions

IDADE: A partir de dez anos.

DURAÇÃO: 20 minutos.

OBJETIVO: Praticar perguntas através de jogo.

MATERIAL: Gravuras, fotos.

PROCEDIMENTO: Divida os alunos em duplas. Mostre uma foto ou gravura e a dupla deverá escrever o maior número de perguntas possíveis sobre a figura. As perguntas devem ser diferentes. A dupla escolhe uma das perguntas e a faz para outra dupla e assim sucessivamente. Jogue quantas vezes quiser trocando as figuras.

ATIVIDADE 3

Follow the Leader

IDADE: A partir de dez anos.

DURAÇÃO: 20 minutos.

OBJETIVO: Praticar frases no presente contínuo através de jogo.

MATERIAL: Nenhum.

PROCEDIMENTO: Os alunos devem usar o presente contínuo para descrever suas ações. Os outros alunos devem fazer o que o líder disser. Procure mudar o líder várias vezes durante o jogo.

Exemplo:

> I'm brushing my teeth. (Os alunos repetem e fazem a mímica dessa ação). I'm clapping my hands.

ATIVIDADE 4

Word Search and Spelling

IDADE: A partir de dez anos.

DURAÇÃO: 30 minutos.

OBJETIVO: Rever *spelling* e a escrita de palavras novas.

MATERIAL: Letras do alfabeto soltas (podem ser feitas à mão ou no computador), em quantidade suficiente para formação de diversas palavras. Devem ser dispostas por você possibilitando a formação de caça-palavras em uma mesa ou mesmo no chão.

PROCEDIMENTO: Oportunamente divida os alunos em dois times para que eles mesmos possam montar o caça-palavras. Vinte letras é uma boa quantidade para utilizar. Ao acharem as palavras, os alunos devem soletrá-las.

Exemplo:

M S A T
N I E Y
O P C K
H E H T

Você poderia extrair as palavras: *sat, pick, the, sin, tea.*

ATIVIDADE 5

Describe and Draw... the Opposite*

IDADE: A partir de 12 anos.
DURAÇÃO: 15 minutos.
OBJETIVO: Desenvolver fluência em geral.
MATERIAL: Figuras relacionadas ao tópico que você pretende trabalhar.
PROCEDIMENTO: Divida o grupo em duplas e peça que definam quem será A e B. A descreve a figura para B e B deve desenhar o oposto do que está ouvindo, por exemplo: se o colega pede que desenhe uma criança, B desenhará um adulto. Comparar as figuras.

* Adaptada de uma atividade de Seth Lindstromberg.

ATIVIDADE 6

Can you convince me?

IDADE: A partir de 13 anos.
DURAÇÃO: 20 minutos.
OBJETIVO: Desenvolver fluência em geral.
MATERIAL: Nenhum específico.
PROCEDIMENTO: Peça três ou quatro voluntários para serem os juízes dessa atividade. Escolha ou sorteie um aluno para falar com outro convencendo-o a realizar determinada ação.

Sugestão:

a) Há uma nova pasta de dente sendo lançada no mercado. Convença seu colega a provar esse novo sabor: alho.

b) Você foi ao teatro e ao chegar no seu lugar há outra pessoa sentada, que não quer mudar de lugar. Convença-a a sair.

c) Você comprou um par de botas e ao experimentar de novo em casa percebeu que uma delas está com o cano mais baixo que a outra. Só que você perdeu a nota fiscal. Vá até a loja e convença o funcionário a trocar sua bota.

d) Você trabalha em um hotel e no próximo feriado houve um erro e foi feito um *overbooking*. Um casal viria em lua de mel e o outro em celebração de 50 anos de casado. O hotel está lotado e você só poderá receber um deles. Escolha qual casal você não receberá e convença-os a não virem para seu hotel.

Os alunos que são juízes observam as cenas e decidem se a argumentação foi boa o suficiente para convencer os colegas. Se desejar, peça a alguns alunos que anotem eventuais erros de linguagem para serem apontados e trabalhados posteriormente.

ATIVIDADE 7

My Own Scattegories

IDADE: A partir de dez anos.

DURAÇÃO: Uma aula.

OBJETIVO: Desenvolver fluência em geral.

MATERIAL: Folha de respostas, cartas/ tabelas com as categorias. As partes do jogo estão descritas abaixo.

PROCEDIMENTO: Uma letra é sorteada para a rodada. A mesma letra é usada para o máximo de categorias. O aluno pode escrever uma palavra com outra letra, mas receberá menor número de pontos por isso. Se a letra inicial estiver correta, a pessoa recebe dois pontos. Se for outra letra, um ponto. Se apenas um aluno tiver respondido, ele recebe três pontos. Após quatro rodadas, cheque quem é o vencedor.

IDEIAS PARA CARTELAS/ LISTAS

WEEKEND FUN

1 Picnic things.
2 Stuff you wear on the weekend.
3 Things at a basketball game.
4 Things at an amusement park.
5 Things at the mall.
6 Things at a restaurant.

VACATION

1 Things you bring.
2 Places you'd like to go.
3 Things you take pictures of.
4 Something at the beach.
5 Camp stuff.
6 Seen from the car window.
7 Clothes to take.

YOUR CITY OR TOWN.

1 Street names.
2 Things in a library.
3 Things in a fire station.
4 People in your neighborhood.
5 Places to eat.
6 Things in a police station.

SCHOOL

1 Things you do at recess.
2 Reasons you didn't do your homework.

3 Subjects.
4 A classmate's name.
5 Excuses to leave the classroom.
6 Something you study.

GRAB BAG

1 Somebody cool.
2 Things at a birthday party.
3 Things that make noise.
4 Fast things.
5 Things at a wedding.
6 Places or things on a map.

ANIMALS

1 Wild animals.
2 Things you feed your pet.
3 Names for a dog or cat.
4 Animals that make bad pets.
5 Animals that fly or swim.
6 Stuffed animals.

ALL ABOUT YOU

1 A person you like.
2 Something you hate to do.
3 Something you wish for.
4 Something you're good at.
5 Something that's gross.
6 Something that makes you happy.

FUN WITH WORDS

1 Short words.
2 Long words.
3 Words about money.

4 Action words.
5 Words about sports.
6 Words about music.

AFTER SCHOOL

1 Outdoor activities.
2 After-school snacks.
3 TV shows.
4 Toys or games.
5 After-school hangouts.
6 After-school chores.

FOOD AND DRINK

1 Things in a food fight.
2 Things you eat on a hamburger.
3 Yucky things to eat or drink.
4 Yummy things Mom doesn't want you to eat.
5 Things you eat or drink at lunch.
6 Things you eat with your fingers.

HOLIDAY FUN

1 Christmas things.
2 Summer vacation things.
3 Winter vacation things.
4 Halloween things.
5 Holiday food or drink.
6 Valentine's day things.

Ex.:

LIST 1	ONE
HOLIDAY FUN	
1. Christmas things	1. presents
2. Summer Vacation Things	2. pool
3. Winter vacation things	3. playing in snow
4. Halloween things	4. pumpkin
5. Holiday food or drink	5. punch
6. Valentine's day things	6. card

ATIVIDADE 8

My Answers

IDADE: A partir de dez anos.

DURAÇÃO: 20 minutos.

OBJETIVO: Treinar a elaboração de perguntas.

MATERIAL: As perguntas em lista ou em cartões como sugerido abaixo.

PROCEDIMENTO: Divida os alunos em grupos. Você sorteia um cartão e o lê para a classe. Sua fala é a resposta para uma pergunta que será elaborada pelo grupo. Os alunos têm apenas 30 segundos para formular a pergunta. Anote os pontos se a pergunta estiver correta.

Sugestão de respostas:

Tomorrow morning.	Yes, I can.	Yes, I will.	No, I won't.	No, I don't.
Yes, I do.	No, I can't.	Yes, I did.	No, I didn't.	Yes, she does.
No, he doesn't.	Yesterday.	Because I'm busy.	In the afternoon.	In the evening.
Red.	Very much.	At 6 p.m.	In the kitchen.	Not now.

ATIVIDADE 9

Why? Because...

IDADE: A partir de 11 anos.

DURAÇÃO: Dez minutos.

OBJETIVO: Treinar o uso de *Why* e because de forma lúdica.

MATERIAL: Uma folha A4 por fila da sala de aula.

PROCEDIMENTO: O primeiro aluno da fila de carteiras escreve em uma folha de sulfite A4 uma pergunta que comece com *Why*, por exemplo: *Why do dogs bark?* Então ele dobra essa parte do papel para esconder a pergunta e passa a folha para o aluno seguinte da fila. O aluno que recebe a folha não abre a parte dobrada e não lê a questão. Ele deve escrever uma resposta que inicie com *Because*, por exemplo: *Because I love chocolate*. O aluno seguinte inicia outra pergunta e o próximo a resposta, assim por diante. Quando terminarem de preencher a folha, solicite voluntários para lerem as perguntas e respostas e escolham as mais engraçadas.

ATIVIDADE 10

Can you remember?

IDADE: A partir de dez anos.

DURAÇÃO: 30 minutos.

OBJETIVO: Desenvolver vocabulário.

MATERIAL: Caderno e caneta.

PROCEDIMENTO: Divida a classe em duplas ou trios. Escreva no quadro uma palavra longa, e dê para os alunos no máximo dez minutos para escreverem o máximo de palavras usando como inicial cada uma das letras da palavra dada. Se uma letra se repetir na palavra, considere-a apenas uma vez. A dupla vencedora é a que tiver mais palavras aceitáveis e escritas corretamente. Quando aplicar essa atividade, leve um dicionário para a sala.

Exemplos de palavras:
intelligent
hypothetical
authentication
tournament
vulnerability
unavailable
university

ATIVIDADE 11

Thanksgiving Quiz

IDADE: A partir de 12 anos.

DURAÇÃO: Uma aula.

OBJETIVO: Desenvolver fluência em geral, através de perguntas e respostas.

MATERIAL: A lista de perguntas. Se você puder trazer textos sobre *Thanksgiving* ou pesquisar sobre o assunto, será mais interessante. Sites de referência para pesquisa de textos:

- **<www.thanksgivingforbeginners.com>**
- **<http://en.wikipedia.org/wiki/Thanksgiving>**
- **<www.history.com/minisites/thanksgiving>**

PROCEDIMENTO: Divida a classe em times para pesquisarem as respostas do quiz.

When did Thanksgiving start?
The first Thanksgiving in the land that later became the U.S. was in 1621.

Is it a National Holiday?
It became a national holiday in 1863, during the Civil War. The first Thanksgiving in what became Canada was in 1578. Thanksgiving became a national holiday in 1879.

Whose idea was it?
In the U.S., settlers called the Pilgrims decided to thank God for their first harvest. In Canada, Martin Frobisher, an English explorer, gave thanks for a safe voyage.

Who were the Pilgrims?
A pilgrim is someone who makes a trip for religious reasons. The Pilgrims who held the first Thanksgiving were strict Protestants, who came to North America because they felt they could not live holy lives in Europe.

Why is turkey part of the dinner?

Turkey is native to the Americas, like many of the other foods eaten at Thanksgiving. It became a Thanksgiving tradition in the early 19th century.

What's stuffing?

It's a mixture of dry breadcrumbs and spices, put in the inside of the turkey before it's cooked. It can also contain vegetables, nuts, and even meat or fish. You can buy instant stuffing at the supermarket.

Do North Americans eat turkey at any other times?

Many think of turkey as something only for special occasions. For example, many families have turkey for Christmas. Others try to eat it more often – for example, in sandwiches.

What is the horn full of fruit that you see in decorations?

It's a cornucopia (horn of plenty) that's a symbol of the harvest.

Why do they celebrate the harvest when most of them aren't farmers?

They remember the times when most people in North America grew their own food. And they think of the good things in their lives for the past year.

Why does the President of the U.S. "pardon" a turkey every Thanksgiving?

This is something that's done to make people feel good on the holiday. Nobody knows how or when it began. The turkeys are sent to live on farms.

What is "Black Friday"?

The day after U.S. Thanksgiving, when lots of people begin their Christmas shopping. No one knows why it's called "black". It may be because the malls are so crowded, it's unpleasant to be there. It may be because, on that day, stores can be sure they're "in the black" – not losing money.

ATIVIDADE 12

My Country

IDADE: A partir de 11 anos.

DURAÇÃO: Uma aula.

OBJETIVO: Praticar *There is a.../ There are some.../ There are many.../ There aren't any...*

MATERIAL: Caderno e caneta.

PROCEDIMENTO: Elicite de seu grupo 20 coisas que você pode encontrar em um país, por exemplo: beaches, buildings, factories, houses, clubs, roads, rivers etc. Divida os alunos em grupos e eles receberão uma tarefa para cumprir em 20 minutos: Elaborar seu próprio país. Os alunos devem elaborar, pelo menos, 15 coisas diferentes em seu país, inclusive características geográficas. O grupo também deve nomear o país. Ao terminarem essa parte, informe-os que houve uma revolução nos países e que eles terão que se mudar. Deverão entrevistar três outros países para escolher o que for melhor para eles individualmente. Os alunos devem fazer as perguntas:

Are there any cities?
Are there any beaches?
Are there any mountains?
Are there any hospitals?

Os alunos devem anotar e escolher, então seu país. O time cujo país for o mais escolhido é o vencedor.

VARIAÇÃO: Você pode pedir de tarefa de casa que os alunos justifiquem suas escolhas.

ATIVIDADE 13

Leaving Earth

IDADE: A partir de 11 anos.

DURAÇÃO: 20 minutos.

OBJETIVO: Trabalhar a oralidade da estrutura *I'd like to...*

MATERIAL: Desenho dos planetas e *flashcards* com os verbos.

PROCEDIMENTO: Imagine que os alunos farão uma viagem para outro planeta. Antes de deixar a terra eles dizem o que gostariam de fazer. Peça que escolham o planeta de destino, ensine o nome de todos os planetas. Você pode dar alguns verbos em *flashcards* para direcionar as frases.

Sugestão de verbos:

Before I go I'd like to...
visit ________________.
thank ________________.
meet ________________.
eat ________________.
tell ________________.
give ________________.
see ________________.
witness ________________.
know ________________.
make sure ________________.

ATIVIDADE 14

Leadership

IDADE: A partir de 14 anos.

DURAÇÃO: 30 minutos.

OBJETIVO: Promover conversação e reflexão sobre liderança.

MATERIAL: A ficha abaixo.

PROCEDIMENTO: Pergunte aos seus alunos: *What attributes are important to be a good leader?* Peça que os alunos avaliem de 1 a 5, sendo 5 o mais importante. Depois peça que pensem em um grande líder e o avaliem segundo esses mesmos critérios. Na sequência devem se avaliar e compartilhar suas conclusões com os colegas. Descubram se alguém da classe seria um bom presidente ou primeiro-ministro.

ATTRIBUTES	IMPORTANCE 1-5	YOUR LEADER	YOU
Never lies			
Very intelligent			
Brilliant orator			
Wonderful smile			
Dynamic			
Lovely clothes			
Public life			
Opposes war			
Calm			
Enthusiastic			
Determined			

ATIVIDADE 15

Counselor

IDADE: A partir de 13 anos.

DURAÇÃO: Uma aula.

OBJETIVO: Desenvolver oralidade através de conselhos para problemas comuns à faixa etária.

MATERIAL: Os depoimentos.

PROCEDIMENTO: Esses depoimentos foram extraídos do blog Teentalk (<http://blogs.dailyrecord.co.uk/teentalk/>). Deixe que seus alunos os leiam e proponham soluções para os adolescentes. Seus alunos também podem criar depoimentos.

Just a few months ago, my mum and dad split up.

Now the man she was seeing behind my dad's back is spending loads of time at our house and my mum's talking about him moving in. He's ugly, fat and really old. I really have no idea what she sees in him.

I feel sick every time I see him in my house. He doesn't belong here.

He's made everyone miserable and he just sits there as if there is nothing wrong.

He's also started telling my sister and I what to do. The other night he sent us both to our rooms because he wanted to watch the football and didn't want us making any noise He's not my dad and, more to the point, I've only known him for about two

---

I'm a 14-year-old girl, and I have a huge problem.

I won a prize at school for an essay I wrote. I was really pleased because I want to be a writer when I grow up.

That's when everything went wrong. Every day, I get an e-mail or a comment on Bebo or a text from someone I don't know.

It started off with them calling me a swot. Then they said I was ugly and a freak and that nobody likes me.

They tell me to watch my back and they've sent photos of me taken in school.

They threaten to hurt me, my family and my friends. I've never replied, but it doesn't stop them.

I'm scared about what they will do next. How do I make it stop?

For the past few weeks, I've been fighting with my mum.

Loads of my friends dye their hair and have piercings. While I'm not all that fussed about hair dye – my hair's pretty dark anyway – I would really like my lip pierced.

I think it looks really cool and I've wanted it done for ages. I finally got the courage to ask my mum, but she freaked out.

She says that boys don't wear jewellery and that if God had wanted me to have a hole in my lip, he'd have given me one.

How can I make her come round? I'm 13.

I'm having problems with my friends. A girl is taking one of my best friends away and I hate it. Before she came along, everything was cool between us. Now everything is ruined.

We all keep falling out because of her.

One time, when my best friend fell out with her, this girl started to call her names and threaten her until she was friends with her again.

When my best friend wasn't at school, the girl started picking on me and my other best friend. What should I do?

I am 16 and I'm not allowed to do anything. It's so embarrassing.

My friends are allowed to go to parties whenever their parents are away and I'm not because I have to be home by 10 pm at weekends.

They all get to drink and skive off school and they always get away with it, but I get grounded for ages if I get caught.

It's all so unfair. I can't even begin to talk to my mum about it because she's just so unreasonable.

ATIVIDADE 16

Odd Man In

IDADE: A partir de 14 anos.

DURAÇÃO: 15 minutos.

OBJETIVO: Trabalhar razões em inglês.

MATERIAL: Nada específico.

PROCEDIMENTO: Essa é uma variação de Odd Man Out (quando um determinado objeto, conceito etc. não se encaixa com os outros.) Nesse caso a ideia é Odd Man In. Peça aos alunos que expliquem, por exemplo, se o ex-presidente Bush/ presidente Lula/ presidente Obama etc. se encaixam nos grupos abaixo e por quê.

a) Einstein	Galileo	Charles Darwin
b) Ghandi	Martin Luther King	Nelson Mandela
c) Pelé	Tiger Woods	Muhammad Ali
d) Rodents	Chimpanzees	Cockroaches

ATIVIDADE 17

Rainbow

IDADE: A partir de 12 anos.

DURAÇÃO: 20 minutos.

OBJETIVO: Trabalhar associações.

MATERIAL: Uma foto/ gravura do arco-íris.

PROCEDIMENTO: Elicite as cores do arco-íris. Escolha um texto de acordo com o nível linguístico de seus alunos sobre algum tema de interesse deles. Divida-os em grupos de cinco ou seis alunos. Eles têm dez minutos para associarem as cores do arco-íris a partes do texto. Vence o grupo que acabar no prazo, com pensamentos coerentes.

ATIVIDADE 18

Awards

IDADE: A partir de 12 anos.

DURAÇÃO: Uma aula.

OBJETIVO: Promover atividade de oralidade através de jogo de conhecimentos gerais.

MATERIAL: Apenas a pesquisa realizada pelo professor de antemão.

PROCEDIMENTO: Divida o grupo em times. Os alunos devem escolher a personalidade que acham ser o número 1 da categoria. Você deve fazer uma pesquisa que revele a opinião pública em geral. Pode-se eleger somente brasileiros ou pessoas famosas internacionalmente. Vence o grupo que tiver feito as melhores previsões.

Sugestão de Categorias:
Sports star of year
Tennis player of year
Best actor of the year
F1 driver of the year
Hockey team of the year
Olympic athlete of the year
Soccer team of the season
Swimmer of the year
Business person year
Best song in Grammy
Movie of the month/ year
Invention of the year

ATIVIDADE 19

Survival Plan II

IDADE: A partir de 13 anos.

DURAÇÃO: Uma aula.

OBJETIVO: Promover atividade de oralidade através de atividade lúdica.

MATERIAL: Apenas a pesquisa realizada pelo professor de antemão.

PROCEDIMENTO: Divida os alunos em grupos. Um dos grupos será o de juízes, que fará perguntas aos outros grupos e decidirá qual foi o melhor plano de sobrevivência. Imagine uma situação similar à do seriado *Lost*, por exemplo, na qual os alunos teriam caído em uma ilha após um acidente aéreo. Eles devem apresentar um plano para:

One hour
One day
One week
One month
Two months

ATIVIDADE 20

What they know about me

IDADE: A partir de 13 anos.

DURAÇÃO: Uma aula.

OBJETIVO: Promover atividade de oralidade através de atividade lúdica.

MATERIAL: A tabela abaixo.

PROCEDIMENTO: Divida os alunos em pares. Eles conversam sobre o quanto imaginam que as pessoas que se relacionam com eles realmente sabem o que pensam, como se sentem, do que gostam, não gostam etc. e o grau de interesse. Use uma escala de 1 a 5 para facilitar. Veja o exemplo abaixo. Depois de realizada em duplas, converse com o grupo todo sobre o assunto e deixe aberto para os que quiserem socializar suas respostas.

	Level of interest	Level of knowledge
best friend		
mother		
father		
sister		
brother		
grandparents		
classmates		
cousins		
teachers		

ATIVIDADE 21

Game: How to...

IDADE: A partir de 13 anos.

DURAÇÃO: 30 minutos.

OBJETIVO: Promover atividade de oralidade através de atividade lúdica.

MATERIAL: Apenas papel.

PROCEDIMENTO: Divida a classe em quatro times. Os times terão apenas 15 minutos para elaborarem dez regras de um guia *How to...*

Sugestão:

How to become fluent in another language in one month.
How to be the perfect parent/ child.
How to survive in a different city with no money.
How to make the perfect proposal of marriage.

•

9
Vídeos/ Filmes

"The right man is the one who seizes the moment."

Johann Wolfgang Von Goethe

ESTE É UM DOS RECURSOS DIDÁTICOS FAVORITOS DOS ALUNOS. O estímulo visual é sempre muito forte desde a primeira infância. A influência da televisão e da Internet são indiscutíveis. Encontro cada vez mais alunos muito auditivos, com maior desenvoltura de compreensão oral, interessados em música e cinema.

As atividades que apresento visam otimizar o uso de filmes, Internet, acesso rápido e fácil, com atividades específicas, que não tomem muito tempo e que não se enquadram em lazer, mas sim em formas diversas de prática para aquisição de língua. Essa conscientização é importante de ser levada aos alunos, que sempre pedem, "*Teacher, passa um filme, please*?" É preciso mudar essa visão. Nós não passamos filmes, nós os utilizamos como recurso para aprendizado. O olhar é sempre crítico do ponto de vista linguístico e questionador.

Aproveite essas oportunidades reais de comunicação!

ATIVIDADE 1

Comparing

IDADE: A partir de dez anos.

DURAÇÃO: 20 minutos.

OBJETIVO: Promover atividade de oralidade ou escrita a partir de um filme.

MATERIAL: O paradidático e o filme ou desenho com o mesmo título.

PROCEDIMENTO: Após realizar a leitura de um paradidático, peça aos alunos um comparativo entre a obra escrita e o filme/ desenho. Pode ser realizado oralmente, com ajuda de vários colegas ou por escrito em forma de redação, com o preenchimento de uma tabela (exemplo abaixo). Procure incluir: personagens, ação, época, conflito central, conflitos secundários, *background*.

	Book	Film
Main Character		
Female Characters		
Male Characters		
Main conflict		
Places		
Time		
End of the story		

ATIVIDADE 2

Listen Carefully

IDADE: A partir de dez anos.

DURAÇÃO: 20 minutos.

OBJETIVO: Promover descrição oral a partir de um filme ou desenho.

MATERIAL: Uma cena de filme, desenho ou link do YouTube.

PROCEDIMENTO: Os alunos apenas ouvem a cena e reportam para a classe o que entenderam. Passe a sequência novamente para que possam comparar sua primeira análise.

- <www.youtube.com>

ATIVIDADE 3

How many times?

IDADE: A partir de dez anos.

DURAÇÃO: 20 minutos.

OBJETIVO: Assistir atentamente em busca de informação específica.

MATERIAL: Uma cena de filme, desenho ou link do YouTube.

PROCEDIMENTO: Você passa para a classe a sequência escolhida e divide entre eles, por fileira, por exemplo, palavras ou expressões que se repetem nessa sequência para que reportem ao grupo quantas vezes a palavra foi dita no filme.

ATIVIDADE 3

What's the right order?

IDADE: A partir de dez anos.

DURAÇÃO: 20 minutos.

OBJETIVO: Assistir atentamente buscando ordenar os personagens.

MATERIAL: Uma cena de filme, desenho ou link do YouTube.

PROCEDIMENTO: Selecione os personagens que aparecem na(s) cena(s) que pretende exibir. Coloque o vídeo e peça que escrevam a ordem em que os personagens aparecem.

ATIVIDADE 4

What happened?

IDADE: A partir de dez anos.

DURAÇÃO: Dez minutos.

OBJETIVO: Despertar a curiosidade sobre um determinado vídeo e integrar habilidades como ponto de partida para atividades relacionadas a esse vídeo.

MATERIAL: O vídeo.

PROCEDIMENTO: Dividir a classe em dois grupos. Um deles sai e o outro assiste à cena. Os que ficaram devem contar a cena para os que saíram. Essa atividade serve de introdução para outras atividades com o mesmo material.

ATIVIDADE 5

Trailers

IDADE: A partir de 13 anos.

DURAÇÃO: Uma aula.

OBJETIVO: Analisar diversos trailers de filmes para observar o gênero da linguagem e avaliar compreensão oral.

MATERIAL: Trailers de filmes baixados do site: <www.youtube.com> ou assistidos diretamente on-line. Seguem alguns links abaixo.

PROCEDIMENTO: Antes de assistirem aos trailers, peça aos alunos que anotem as questões abaixo para poderem respondê-las sobre os vídeos que assistirão. Depois de assistirem, confira as respostas dos alunos e conversem sobre suas opiniões.

What is the title of the film?
When does the trailer give the name of the film? Why is this?
What information about the actor does the trailer give? Why does it give this information?
What kind of music does the trailer use? What does the music suggest about the film?
What information is at the end of the trailer? Why is this information at the end?

- **<www.youtube.com/watch?v=I5qd1jts9qM>** – Edward, a Character Profile – *Twilight*
- **<www.youtube.com/watch?v=RR4TIYEAmIk>** – *Kung Fu Panda*
- **<www.youtube.com/watch?v=b19SOYr3JqA>** – *Harry Potter and the Half Blood Prince*

- <www.youtube.com/watch?v=ASVeN-58HKk> – *Angels and Demons*
- <www.youtube.com/watch?v=6UBP2nXtRRo&feature=PlayList&p=2F26F91ADB2A4782&playnext=1&playnext_from=PL&index=1> – Batman, *The Dark Night*

ATIVIDADE 6

True or False Tic Tac Toe

IDADE: A partir de dez anos.

DURAÇÃO: 20 minutos.

OBJETIVO: Integração de habilidades a partir de um vídeo.

MATERIAL: Vídeo, quadro.

PROCEDIMENTO: Divida a classe em dois times. Jogue Tic Tac Toe (jogo da velha – noughts **o** and crosses **x**) com seus alunos, baseado em fatos do filme/ vídeo.

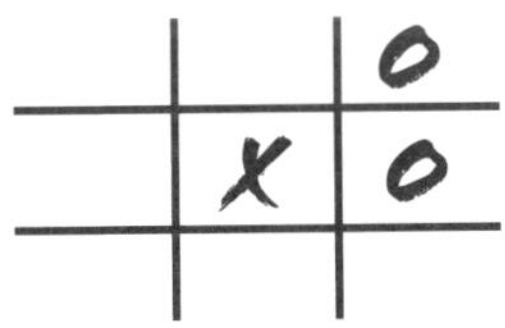

Em cada espaço escolhido há uma pergunta a ser feita. Os alunos devem responder **True** or **False**.

ATIVIDADE 7

Best Film Survey

IDADE: A partir de 12 anos ou do uso de superlativo.

DURAÇÃO: 20 minutos.

OBJETIVO: Realizar atividade de oralidade baseada no assunto de filmes antes de entrar em um vídeo que se pretende usar.

MATERIAL: Formulário para pesquisa.

PROCEDIMENTO: Explique a atividade para os alunos. Eles devem entrevistar colegas sobre o melhor filme que já assistiram, os entrevistados devem explicar porque escolheram tal título. Antes de iniciar as conversas, treine com eles as melhores formas de fazer as perguntas e de respondê-las, para garantir a prática adequada.

What's the best film you've ever seen? Why?

VARIAÇÃO: Usar a mesma atividade para pesquisar o pior filme: *Worst Film*.

Student	Best film	Main reason

ATIVIDADE 8

Brainstorm

IDADE: A partir de dez anos.

DURAÇÃO: 20 minutos.

OBJETIVO: Levantar vocabulário sobre filmes.

MATERIAL: Quadro.

PROCEDIMENTO: Desenhe um círculo no quadro com a palavra *film* no meio do círculo. Divida a classe em grupos de quatro alunos. Peça que cada grupo escreva o maior número de palavras que conseguir sobre esse tema. Anote no quadro várias respostas de seus alunos. Aborde outras palavras relacionadas para ampliar o vocabulário, como: *stars, production, distribution, studios, publicity, critics.*

ATIVIDADE 9

Brainstorm Link

IDADE: A partir de dez anos.

DURAÇÃO: 20 minutos.

OBJETIVO: Levantar vocabulário sobre filmes.

MATERIAL: Quadro.

PROCEDIMENTO: Você pode dar continuidade à Atividade 8 ou realizar essa Atividade em outra oportunidade. Escreva no quadro as categorias: *STUDIO, SCRIPTWRITING, TRAILERS*, por exemplo. Os alunos devem ir até o quadro e acrescentar palavras relacionadas às categorias.

ATIVIDADE 10

Films and me

IDADE: A partir de dez anos.

DURAÇÃO: 10 minutos.

OBJETIVO: *Warm up* para atividade sobre filme.

MATERIAL: Post-it ou quadrados de papel, um para cada aluno.

PROCEDIMENTO: Em um post-it ou um papel quadrado, cada aluno escreve:

a) no lado esquerdo superior, o nome de seu gênero de filme favorito
b) no lado direito superior, o nome de um ator que goste
c) no lado inferior direito, o nome de uma atriz que goste
d) no meio, o nome de seu filme favorito
e) no lado inferior esquerdo, uma música de filme

Suspense		Al Pacino
	Dragonfly	
Somebody to love		Angelina Jolie

ATIVIDADE 11

What does the music tell you?

IDADE: A partir de dez anos.

DURAÇÃO: 10 minutos.

OBJETIVO: *Warm up* para atividade sobre filme.

MATERIAL: A gravação da música do filme ou o trailer, Ficha para preencherem informações ou copiarem as informações do quadro.

PROCEDIMENTO: Divida a classe em duplas. Entregue uma cópia da Ficha para dupla ou escreva as informações no quadro e peça que copiem. Toque a música ou passe o filme somente com som para que façam a predição sobre o que vão assistir. Se preferir, treine com mais de um filme.

Veja os tipos de filme para classificação: *thriller, horror, romance, historical drama, western, war film, adventure film, science fiction, disaster film, comedy.*

Sugestão de itens para a ficha:

Film genre
Film title
Time (historical period)
Stars
Opening scene

ATIVIDADE 12

Film Review

IDADE: A partir de 12 anos.

DURAÇÃO: 30 minutos.

OBJETIVO: Pesquisar na Internet e proporcionar a oportunidade de criarem reviews.

MATERIAL: Acesso à Internet ou revistas, jornais, capas de DVDs que contenham as informações necessárias para completar a Ficha de Film Review.

PROCEDIMENTO: Discuta com o grupo que tipo de informação deve aparecer em *film reviews*. Pesquise com eles na Internet para observarem juntos pelo menos dois modelos. Peça que preencham a Ficha *Film Review* sobre um dos exemplos ou a partir de pesquisa feita nos sites recomendados abaixo, por exemplo.

ONDE ENCONTRAR NA INTERNET:

- <www.visimag.com/filmreview>
- <www.filmsite.org>
- <www.bbc.co.uk/film>
- <http://allmovie.com>

DICAS PARA QUE SEUS ALUNOS ESCREVAM *FILM REVIEWS*:

- simple present tense used to describe and summarize the film;
- actors' names enclosed in parentheses.

FILM REVIEW

- What's the title of the film?
- Who are the main actors?
- What roles do they play?
- Who directed the film?
- Who wrote the screenplay?
- Who are the main characters in the story?
- What's the film about? Summarize the story. Don't include the end.
- Do you recommend this film? Why?
- How do you rate this film?

POOR ★ BELOW AVERAGE ★★ AVERAGE ★★★
BETTER THAN MOST ★★★★ EXCELLENT ★★★★★

ATIVIDADE 13

Movie Magazine

IDADE: A partir de 13 anos.

DURAÇÃO: Uma aula.

OBJETIVO: Produzir uma revista sobre cinema.

MATERIAL: Revistas, jornais, Internet, papel, tesoura, cola.

PROCEDIMENTO: Os alunos organizam diversos materiais relacionados a filmes extraídos de fontes variadas para montar uma revista sobre cinema. Divida-os por tarefas. Os alunos definem layout, número de páginas, formato final, capa etc. A revista pertencerá à classe. Eles mesmos escrevem artigos para a revista. Crie as seções da revista com seu grupo. Exemplos: *Best film survey/ Film pictures/ Film poster/ Interesting Characters/ Famous people/ Worst film/ Movie guide etc.*

SITES RECOMENDADOS SOBRE O ASSUNTO:

- **All-Movie Guide**
  http://allmovie.com/
  Sinopses e críticas.

- **Ari Rukkila's Motion Picture Screenplay Links**
  <www.kolumbus.fi/rukkila/scripts.htm>
  Links para 150 peças teatrais

- **Empire Magazine**
  <www.empireonline.co.uk>
  Notícias e sinopses sobre filmes no Reino Unido.

- **ESL Cafe's Cinema Forum**
  <www.eslcafe.com/discussion/da>
  Fórum interativo no qual os alunos de inglês podem discutir sobre filmes.

- **The Greatest Films of All Time**
  <www.filmsite.org/films.html>
  Links para informação de produção, resumos, sinopses, imagens de pôsteres de filmes clássicos, bibliografia etc.

- **The Internet Film Database**
  <http://us.imdb.org>
  Base com links para sinopses, críticas, trailers, citações, bibliografias etc.

- **Oscar.com**
  <www.oscar.com>
  Quizzes, pôsteres, história do prêmio, lista dos vencedores do Oscar, etc.

- **Yahoo! Entertainment: Movies**
  <http://dir.yahoo.com/Entertainment/Movies_and_Film>
  A partir desse link você chegará a centenas de links para filmes.

•

"I TOUCH THE FUTURE. I TEACH."
CHRISTA MCAULIFFE

So do you!

Referências para pesquisa

Livros

AQUINO, Julio Groppa (organizador). *Erro e fracasso na escola: alternativas teóricas e práticas*. São Paulo: Summus, 1997.

BAGNO, Marcos. *Pesquisa na escola*. São Paulo: Loyola, 2005.

BANVILLE, Sean. *A thousand ideas and activities for language teachers*. Japão: Foxy Reader, 2005.

COSTA, Cíntia Cavalcanti. *Internet and teen language*. São Paulo: Disal, 2007.

CROSS, David. *Large Classes in Action*. Hertfordshire (UK): Prentice Hall International, 1995.

DALEY Patrick, and DAHLIE Michael S. *For & against*. Londres: Scholastic: 2002.

DEMO, Pedro. *Educar pela pesquisa*. Campinas: Autores Associados, 2005.

GRELLET, Françoise. *Developing reading skills*. Nova York: Cambridge University Press, 1982.

HADFIELD, Jill. *Classroom dynamics*. Oxford: Oxford University Press, 2006.

HARMER, Jeremy. *The practice of English language eaching*.Harlow: Pearson Longman, 2007.

_____. *Use the Internet in ELT*. Essex: Pearson Education, 2004.

LAGO, Samuel Ramos. *O melhor de Rubem Alves*. Curitiba: Nossa Cultura, 2009.

LEWIS, Gordon. *Teenagers – Resource books for teachers*. Oxford: Oxford University Press, 2007.

LINDSTROMBER, Seth. *Language activities for Teenagers*. Cambridge: Cambridge, 2004.

LUOMA, Sari. *Assessing Speaking*. Cambridge: Cambridge University Press, 2004.

MACEDO, Lino; MACHADO, Nilson José. *Jogo e projeto*. São Paulo: Summus, 2006.

MASTROMARINO, Diane. *O mundo em suas mãos*. São Paulo: V&R Editoras, 2006.

Mente & Cérebro. "O olhar adolescente". Nº 3. Caminhos da Cognição. São Paulo: Ediouro, 2008

MILITÃO, Albigenor; MILITÃO, Rose. *Jogos, dinâmicas e vivências grupais*. Rio de Janeiro: Qualitymark, 2001.

MILITÃO, Albigenor; MILITÃO, Rose. *S.O.S. dinâmica de grupo*. Rio de Janeiro: Qualitymark, 2003.

NEWBROOK, Nigel. *Extracts*. Mary Glasgow Magazines. Londres: Scholastic, 1998.

PILLETTI, Claudino. *Didática geral*. São Paulo: Ática, 2004.

PUCHTA, Herbert; RINVOLUCRI, Mario. *Multiple intelligences in EFL*. Helbling Languages, 2005.

RICHARDS, Jack C. *Curriculum development in language teaching*. Cambridge: Cambridge University Press, 2005.

SCHARLE Ágot; SZABÓ Anita. *Learner autonomy*. Cambridge: Cambridge University Press, 2001.

SPERLING, Dave. *Internetactivity workbook*. Nova York: Pearson Education, 1999.

SOUZA, Adriana Grade Firori; ABSY, Conceição A.; COSTA, Gisele Cilli; MELLO Leonilde Favoreto. *Leitura em língua inglesa: uma abordagem instrumental*. São Paulo: Disal, 2005.

STEMPLESKY, Susan; TOMALIN, Barry. *Resource book for reachers – Film*. Oxford: Oxford University Press.

THORNBURY, Scott. *How to teach grammar*. Essex: Pearson Education, 1999.

UR, Penny. *A course in language teaching*. Cambridge: Cambridge University Press, 2005.

WALLWORK, Adrian. *Discussions A-Z*. Cambridge: Cambridge University Press, 1994.

WILLIAMS, Marion; BURDEN, Robert L. *Psychology for language teachers*. Cambridge: Cambridge University Press, 2005.

WRIGHT, Andrew; BETTERIDGE David; BUCKBY Michael. *Games for language learning*. Cambridge: Cambridge University Press, 2000.

Websites

GERAL

<www.educarede.org.br/educa/index.cfm?pg=internet_e_cia.informatica_principal&id_inf_escola=638> (Educarede – ensinar com internet)

<www.helpingkidsnow.com/middle_highschool_kids.pdf> (referências sobre características de adolescentes)

<www.englishclub.com> (recursos para professores e atividades)

<http://lucilenemachado.tripod.com> (citação de Lucilene Machado)

<www.nonaarte.com.br> (HQ para baixar)

<www.planalto.gov.br/ccivil/LEIS/L8069.htm> (Estatuto da Criança e do Adolescente)

<www.poewar.com/quotations-about-writing-and-books> (citações em inglês)

<www.portaldaliteratura.com/pensamentos.php?tema=131> (citações em português)

<www.saidwhat.co.uk/quotes/famous/johann_wolfgang_von_goethe> (citações)

ATIVIDADES

<www.eclecticenglish.com> (atividades on-line)

<www.edb.utexas.edu/resources/booksR4teens> (Education Resources - Books R 4 teens)

<www.english-grammar-lessons.com> (atividades on-line)

<http://esl.about.com/od/readinglessonplans/Reading_Lesson_Plans_for_English_Learners_at_All_Levels.htm> (English as a second language)

<www.esl-lounge.com> (planos de aula)

<www.kissthisguy.com> (erros de letras de músicas, absurdos nas interpretações)

<http://iteslj.org/questions> (tópicos de conversação)
<www.isabelperez.com/songs> (atividades on-line)
<www.partygameideas.com/halloween-games/index-adult-games_4.php> (jogos de Halloween)
<www.puzzle-maker.com/CW> (palavras cruzadas)
<www.smartteaching.org/blog/2008/08/100-best-youtube-videos-for-teachers> (melhores cem vídeos para professores no YouTube)
<www.songfacts.com> (quizzes, quase tudo sobre música)
<www.teachingenglish.org.uk> (British Council)
<www.tolearnenglish.com> (atividades, testes, jogos)
<http://66.123.188.52/valerie/Grammar%20Games.htm> (jogos de gramática on-line)

WEBQUESTS

<www.educationaltechnology.ca/resources/webquest/templates.php>
<www.livre.escolabr.com/ferramentas/wq/index.php>
<www.nelliemuller.com/WebQuestsbyNellieDeutsch.htm>
<www.spa3.k12.sc.us/WebQuestTemplate/webquesttemp.htm>
<www.tripod.lycos.com/boavinda.html>
<webquest.sdsu.edu/LessonTemplate.html>
<http://webquest.sdsu.edu/processchecker.html> (checklist de Vernie Dodge sobre elaboração de pesquisa)
<http://webquest.org/index.php>
<www.webquest.futuro.usp.br>
<http://webquest.org>
<www.zunal.com>

BLOGS

<http://blog.terra.com.br>
<www.criarumblog.com>
<http://blog.uol.com.br>
<www.blogger.com/start>
<www.blogspot.com>

<www.bloggish2008.blogspot.com>
<http://blogs.dailyrecord.co.uk/teentalk> (depoimentos de adolescentes)
<www.cookingclass2007.blogspot.com:80>
<http://englishcaffe.blogspot.com>
<www.englishexperts.com.br>
<www.teclasap.com.br/blog>

FEEDS

<http://freereader>
<http://google.com/reader>

PODCASTS

<http://projetoposcast.wikispaces.com/HQ>
<www.teachingenglish.org.uk/think/podcasts/knowledge>

Conheça também da mesma autora

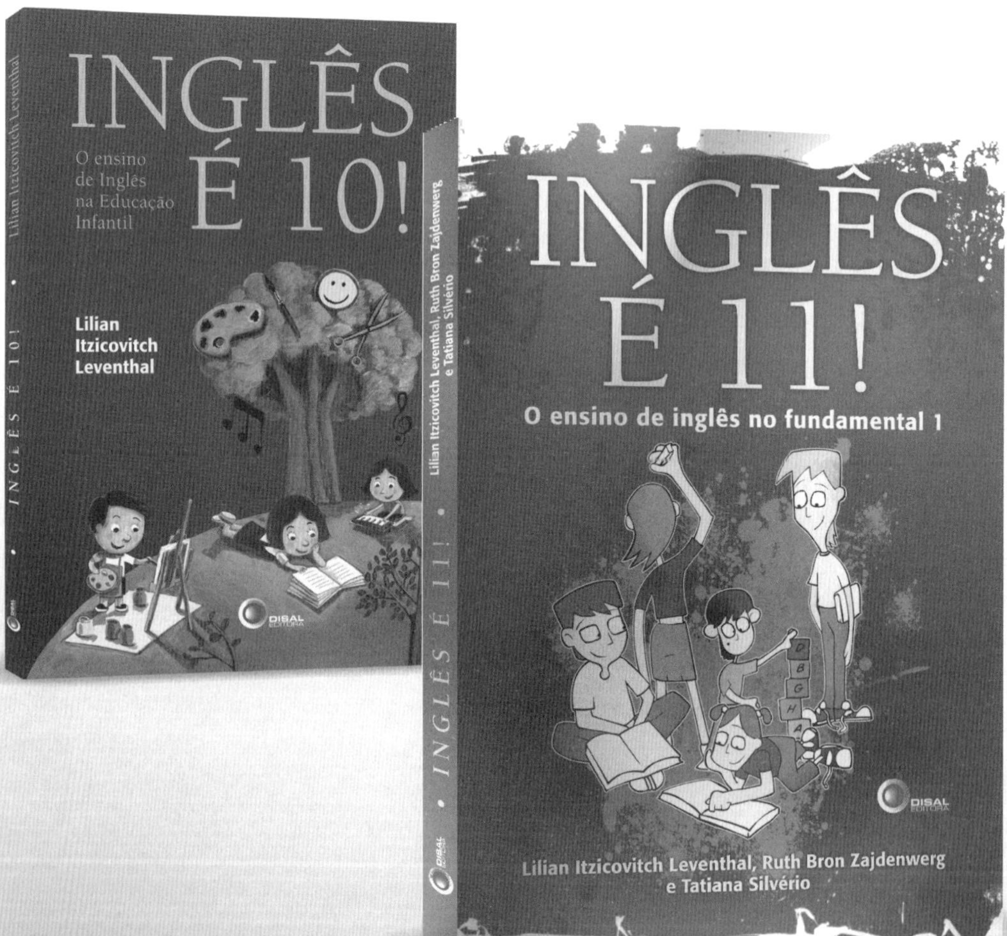

Este livro foi impresso em agosto de 2009
pela gráfica Vida e Consciência sobre papel offset $90g/m^2$.